Prof. Dr. Ferdinand Klein

Inklusive Erziehung in Krippe, Kita und Grundschule

Heilpädagogische Grundlagen und praktische Tipps im Geiste Janusz Korczaks

BurckhardtHaus

Prof. Dr. Ferdinand Klein

Inklusive Erziehung in Krippe, Kita und Grundschule

Heilpädagogische Grundlagen und

praktische Tipps im Geiste Janusz Korczaks

Burckhardthaus bei Oberstebrink
c/o Körner Medien UG, München

Für die Abdruckgenehmigung der beiden Bilder von Itzchak Belfer, dem Maler des Holocaust (Seiten 53 und 54), danken Autor und Verlag Herrn Siegfried Steiger, Vorsitzender der Deutschen Korczak-Gesellschaft e.V.

Umschlaggestaltung: Tobias Schudok

Umschlagillustration: Robert Kneschke/fotolia.com

Fotos: S. 13, 46, 85, 121, 153 Olesia Bilkei/fotolia.com, S. 49, 81 dglimages/fotolia.com, S. 108 rastlily/fotolia.com, S. 140 Joni Hofmann/fotolia.com; weitere Abbildungen: Abdruckgenehmigungen liegen dem Autor vor.

Satz und Layout: ism Satz- und Reprostudio, München

Druck und Verarbeitung: Sagalara, Lodz, Polen

www.burckhardthaus-laetare.de

ISBN 978-3-96304-601-8

Für Hanka, einen einzigartigen Menschen,

und

für Armin, einen wunderbaren Freund und Kollegen.

Zeitreise

„Nimm ein Kind an die Hand und lass dich von ihm führen.
Betrachte die Steine, die es aufhebt, und höre zu,
was es dir erzählt.
Zur Belohnung zeigt es dir die Welt,
die du längst vergessen hast."

Autor unbekannt

Inhalt

Einführende Gedanken

Das Kind fühlt sich in Albert Schweitzers Armen geborgen

„Die Menschen der Zukunft werden die sein,
die ihre Herzen in ihren Gedanken sprechen lassen."

Albert Schweitzer

Liebe Leserin, lieber Leser,

mit diesem Praxisbuch möchte ich meine langjährigen Erfahrungen in verschiedenen pädagogischen Arbeitsfeldern für die gegenwärtigen Aufgaben der inklusiven Frühpädagogik praxisnah darstellen. Bei diesem Vorhaben werden auch biografische Aspekte berücksichtigt, denn nach meinem Verständnis ist das Erzieherische stets persönlich oder existenziell. Es möchte intersubjektives Erkennen und Handeln ermöglichen.[1] Im Fokus steht also die biografisch orientierte inklusive pädagogische Arbeit, die ganz bewusst auch historische Persönlichkeiten zu Wort kommen lässt. Ihr Denken und Handeln überdauert die Zeit und legt Spuren für die heute zu reflektierende Praxis. Insofern ist das Buch auch gegen das Vergessen geschrieben.

Das Werk, das Sie in Ihren Händen haben, ist in einem langen Prozess nicht nur am Schreibtisch entstanden. Es verdankt sein Entstehen den vielen Kindern, Jugendlichen und Erwachsenen (Eltern), die mir im Laufe der (heil-) pädagogischen Arbeit begegnet sind. Gerade junge Menschen haben mich gelehrt, wie sie geliebt, begleitet und geleitet werden wollen: Diese Erziehungskunst entdecke ich bis heute in Korczaks Lebenswerk, das die Eigenschaft hat, nicht zu altern, sondern sich zu erneuern, um die Gegenwart mit offenem Blick zu sehen.

Anfang August des Jahres 2017 jährte sich zum 75ten Male der mörderische Tod des polnischen Arztes, Pädagogen und Schriftstellers Janusz Korczak, seiner Mitarbeiterin Stefania Wilczyńska und ihrer 200 Kinder. An die Lehren, die aus diesem Menschheitsverbrechen zu ziehen sind, kann nicht genug erinnert werden. Das Erinnern hat eine einzigartige Beziehung zur deutschen Pädagogik, Heil- und Sonderpädagogik. Es beinhaltet den Wunsch, etwas anzuregen, das in die Zukunft weist. Dieser zweifachen Richtung des Erinnerns müssen wir uns gewahr werden. Hier bleibt das Versagen in der Vergangenheit bewusst, und das wachsame Hören in der Gegenwart wird gepflegt. Durch diese Erinnerungskultur wird immer wieder neu auf die Hoffnung aufmerksam gemacht, dass Auschwitz nicht noch einmal passiert.

Ich mache bis heute in der Praxis Erfahrungen, die mir ein Lernen ermöglichen und meine Anschauung (Theorie) wandeln. Diese Erfahrungen beeinflussen mein Denken. Hier verändert die Praxis meine Theorie, und die Theorie ermöglicht eine bewusstere Praxis. Dieses erfahrungsbezoge-

---

1 Darauf weist auch der wissenschaftstheoretische Diskurs der Postmoderne in der postfaktischen Zeit hin, in der alles, was behauptet wird, auch das Unwahre und Falsche, wahr und richtig ist, wahr und richtig sein kann – und das intersubjektive Erkennen und Handeln bleibt dann auf der Strecke.

ne Denken gründet in der Tradition der Heilpädagogik, die ich als vertiefte kindorientierte Pädagogik verstehe. Ich knüpfe an meine Praxisstudie zur „Früherziehung des entwicklungsbehinderten Kindes" an, die unverändert als Doktorarbeit erschienen ist (Klein 1979): Das einzelne Kind war im recht verstandenen Sinne mein Lehrer. Und dies ist bis heute so geblieben. Sein Antlitz bewegt mein Herz, mein Denken und Handeln, das keine pädagogischen Begriffe und Konstrukte duldet, die wie Worthülsen praxisfern ihr Eigenleben führen.

Ich versuche meine Erfahrungen mit erlebten Inhalten zu füllen, die gedacht und gefühlt werden und eine am wirklichen Kind orientierte inklusive Praxis ermöglichen können. Meine Gedanken verstehe ich also als persönliche Anregungen zur Reflexion Ihrer praktischen und wissenschaftlichen Erfahrungen, die Sie vor allem auch im intersubjektiven Austausch, im Gespräch mit anderen Menschen, mit Eltern und Professionellen der Pädagogik und anderen Wissenschaften für Ihr eigenes Handeln wandeln, deuten und interpretieren und weiterentwickeln können.

Aufmerksame Leserinnen[2] und Leser werden bald wahrnehmen, dass erzieherisch bedeutsame Sachverhalte wiederholt beschrieben werden, allerdings in einem neuen Bedeutungszusammenhang. Das liegt daran, dass pädagogisches Handeln in einem äußerst komplexen Bedingungs- und Beziehungsfeld steht und das Ganze nicht gleichzeitig dargestellt werden kann, sondern nur nacheinander. Das geschieht in organischen Einheiten, in exemplarisch ausgewählten Modellen und Beispielen.

Die Darstellung mit anschaulichen Begriffen ist nahe an den Erfahrungen in der Praxis. Die Begriffe wollen ansprechen, und ihre Inhalte wollen erlebbar und einfühlbar sein, Neugierde und Interesse für das eigene Handeln wecken. Das lehrt uns auch die Geschichte der Pädagogik: Zuerst kommt die Erfahrung, die jeder durch sein Nachdenken über die gelungene, weniger gelungene oder misslungene Erziehungssituation deuten und interpretieren, verbessern und wandeln kann. Hier wird die praktische Erfahrung durch das Nachdenken eine bewusstere. Erst die erlebte konkrete Erfahrung bildet das Bewusstsein in einem nicht abschließbaren Prozess, bei dem der Weg das Ziel ist. So bleiben wir neugierig wie ein Kind unter-

2 Um im Folgenden den Lesefluss nicht zu stören, wähle ich in der Regel mal die weibliche und mal die männliche Sprachform, es soll aber die jeweils andere mitverstanden werden. Auch die neutrale Form „pädagogische Fachkraft" bietet sich an. Stets dürfen sich beide Geschlechter verschiedener Professionen (Pädagogen und Erzieher, Eltern, Pflege- und Betreuungskräfte, Heilpädagogen, Sonder-, Rehabilitations- und Behindertenpädagogen, Sozialpädagogen, Ärzte, Therapeuten, Studenten oder Schüler) angesprochen fühlen.

wegs. Mit dieser am Kind orientierten Praxis betrachte ich nun in den drei folgenden Kapiteln die inklusive frühpädagogische Aufgabe. Die ersten beiden weisen vor allem auf die pädagogische Haltung hin. Diese Haltung ist für eine gute Praxis im zunehmend komplexer werdenden Erziehungsfeld geboten; sie wird im abschließenden Kapitel facettenreich dargestellt.

- Die Erziehung des einzelnen Kindes fordert die pädagogische Fachkraft persönlich oder existenziell heraus. Jedes Kind stellt ihr eine individuelle Aufgabe, die in den wechselnden Situationen möglichst gut zu lösen ist. Sobald sie versucht, ein Kind nach der gleichen Methode und mit den gleichen Mitteln wie das andere Kind zu erziehen, zu begleiten und zu unterstützen, hat sie mindestens einem Kind Unrecht getan. Gefragt ist das individualisierte und möglichst situationsgerechte Handeln. Wie ich versucht habe dieser Aufgabe möglichst gerecht zu werden, das möchte ich mit einigen Lebens- und Berufserfahrungen selbstkritisch vorstellen. Sie prägen meine Haltung, mein Denken und Handeln bis heute (Kapitel 1).
- Meine Erfahrungen führen mich zunehmend stärker zur größten Erzieherpersönlichkeit des vergangenen Jahrhunderts, zum Arzt, Pädagogen und Schriftsteller Janusz Korczak, dessen Pädagogik der Achtung heute gefragt ist. Der „polnische Pestalozzi", wie er auch genannt wird, hat Albert Schweitzers Vision (siehe Leitzitat) bis zur letzten Konsequenz gelebt und sein Herz in seinen Gedanken sprechen lassen. Für ihn ist Kindsein von Beginn an Menschsein und In-Beziehung-Sein. Auf Korczaks aspektreiches Werk machte ich in zahlreichen Veröffentlichungen aufmerksam. Sein medizinisch-therapeutisches und pädagogisches Interesse ist zu meinem heilpädagogischen Interesse geworden, das ein vertieftes und vorbeugendes Nachdenken in erschwerten oder gefährdeten Erziehungssituationen ermöglicht (Kapitel 2).
- Die Korczak-Pädagogik, die ich als vertiefte Pädagogik verstehe, trifft heute im Grunde für alle Kinder zu. Sie ist nach meinen Praxiserfahrungen besonders für die inklusive Frühpädagogik geboten, die in ihrer ganzen Vielfalt für die selbstreflexiv handelnde pädagogische Fachkraft dargestellt wird. Ihre Arbeit erfordert heute eine innere Haltung, eine anspruchsvolle Professionalität, eine nie endende persönliche Anstrengung zur Selbstführung, eine Selbstkultur für sich, für den anderen und für die zu lösenden Aufgaben, die Tag für Tag und immer wieder neu zu reflektieren sind (Kapitel 3).

Haben wir es bei der inklusiven Früherziehung mit einer Sisyphusarbeit zu tun? Darauf gebe ich in gleicher Weise wie mein Lehrer Janusz Korczak keine hinreichende Antwort, denn jeder ist eingeladen, die Antwort für sich selbst zu suchen. Nur das möchte ich sagen: Sisyphus war der griechischen Sage nach dazu verurteilt, einen Felsbrocken einen steilen Berg hinaufzuwälzen, von wo er kurz vor dem Gipfel immer wieder herunterrollte. Aber am Ende seines Weges ist er ein glücklicher Mensch geworden. Er bejahte seine Haltung und sein Handeln und konnte in dieser trotzigen Vergeblichkeit eine Art Würde, ja Glück erleben. In diesem Sinne wünsche ich den Leserinnen und Lesern viele Momente des Glücks und der Freude. (vgl. Klein 2015, S. 8)

Kapitel 1:
Heilpädagogik ist vertiefte Pädagogik

„Erziehung ist Beispiel und Liebe, sonst nichts."

Friedrich Fröbel

1.1 Die Aufgabe

Es geht der Heilpädagogik um das Überschreiten der unsichtbaren Grenzen, die Menschen mit Behinderung von Menschen ohne Behinderung trennen. Diese Vision hatte in meinem Geburtsjahr 1934 schon der russische Human- und Sprachwissenschaftler Lew Wygotskij im Blick. Sie ist der vertieften Pädagogik, der helfenden oder heil- und ganzmachenden Pädagogik aufgegeben:

> *„Möglicherweise ist die Zeit nicht mehr fern, dass die Pädagogik es als peinlich empfinden wird, von einem defektiven Kind zu sprechen, weil das ein Hinweis darauf sein könnte, es handle sich um einen unüberwindbaren Mangel der Natur.*
>
> *In unseren Händen liegt es, so zu handeln, dass das (behinderte) Kind nicht defekt ist.*
>
> *Dann wird auch das Wort selbst verschwinden, das wahrhafte Zeichen für unseren eigenen Defekt."*
>
> *(Wygotskij, 1934/2002, S. 8)*

Um dieses humanistische Anliegen geht es der 2006 verabschiedeten UN-Charta über die Rechte von Menschen mit Behinderungen, kurz UN-Behindertenrechtskonvention. Sie ist mit der großen Hoffnung verbunden, dass das 21. Jahrhundert ein Jahrhundert der Menschlichkeit werden kann. Nach ihrem Untergang im 20. Jahrhundert wird nun entschieden darauf hingewiesen, dass Menschen mit Behinderungen einen bedeutsamen Beitrag zur Humanisierung der Menschheit leisten.

Diese Konvention hilft uns, jeden Menschen zu achten, uns wirklich für ihn zu interessieren, sie gibt uns einen Spiegel in die Hand, mit dem wir ihm bei seiner Entwicklung beistehen, ihm so weit helfen können, bis er das werden kann, was in ihm keimhaft angelegt ist: dass er aus eigener Initiative seine Entwicklung selbst in die Hand nimmt und gestaltet. Danach sehnt sich in der Tiefe seines Herzens jeder Mensch.

Die Konvention stellt Inklusion als umfassende kulturelle Herausforderung ins Zentrum der weltweiten öffentlichen und fachlichen Diskussion. Sie will für alle Bürger ein Leitbild moderner Sozialpolitik und ein verbindlicher

Handlungsrahmen für die Praxis sein. Sie spricht von der Verpflichtung in allen Bereichen und bei allen Mitgliedern der Gesellschaft, ein Bewusstsein für die Rechte und Würde behinderter Menschen zu schaffen, diskriminierende Praktiken und Vorurteile abzubauen. In Artikel 26 der Konvention heißt es: „Die Vertragsstaaten treffen wirksame und geeignete Maßnahmen, [...] um Menschen mit Behinderungen in die Lage zu versetzen, ein Höchstmaß an Unabhängigkeit, umfassende körperliche, geistige, soziale und berufliche Fähigkeiten sowie die volle Einbeziehung in alle Aspekte des Lebens und die volle Teilhabe an allen Aspekten des Lebens zu erreichen und zu bewahren. [...]" (Beauftragter der Bundesregierung für die Belange behinderter Menschen, 2014)

Die Konvention wird seit März 2009 in deutsches Recht umgesetzt. Sie

- geht davon aus, dass Behinderung ein soziales Phänomen ist, das aus einstellungs- und umweltbedingten Barrieren resultiert; dadurch wird die volle gesellschaftliche Teilhabe eines Menschen mit Behinderung verhindert oder beeinträchtigt.
- würdigt Behinderung als Teil der Vielfalt menschlichen Lebens.
- versteht die gemeinsame Erziehung von behinderten und nicht behinderten Kindern von der frühen Kindheit an als Menschen- und Bürgerrecht – und nicht als Wohltätigkeit.
- will Teilhabe stärken und Ausgrenzungen verhindern.

Alle Menschen mit Behinderungen haben nun von Anfang an einen Rechtsanspruch auf gemeinsame Erziehung und (Aus-)Bildung sowie gesellschaftliche Teilhabe ohne Diskriminierung und Marginalisierung. Ihre volle gesellschaftliche Teilhabe ist ein einklagbares Recht. Diese uneingeschränkte Anerkennung und Achtung der Würde jedes Menschen und die daraus folgende Gleichheit der Verschiedenen sind im beginnenden 21. Jahrhundert ein zentrales ethisches Prinzip geworden. Das Prinzip kann als Antwort auf extrem demütigende Erfahrungen vieler Menschen in zurückliegenden Jahrhunderten, besonderes im 20. Jahrhundert, und damit als Ergebnis eines Bildungsprozesses der westlichen Demokratien verstanden werden. Das Recht ist die Basis für unser Zusammenleben. Es schützt die unantastbare Würde des Menschen.

Das Bewusstsein der gleichen Würde jedes Menschen hat sich durchgesetzt. Es erfordert eine Vertiefung und Erweiterung der frühpädagogischen Professionalität. Wie kann die (Früh-)Pädagogik in Wissenschaft, Forschung und Praxis dieser Aufgabe nach und nach entsprechen?

1.2 Die Praxiswissenschaft Pädagogik antwortet auf diese Aufgabe

Geboten ist eine menschenwürdige Wissenschaft

Wir kennen in den postmodernen Geistes- und Sozialwissenschaften zahlreiche Methoden, die den Herausforderungen der Praxis nicht mehr entsprechen. Sie folgen in ihrem Streben nach Objektivität der Doktrin der strengen Ableitung theoretischer Aussagen aus dem Fundament messbarer Fakten. Dadurch blenden sie schon im Ansatz Bildung und qualitative Forschung aus. Diese Methoden priorisieren das, was nützlich ist. Schon kleine Kinder sollen Kompetenzen erwerben, die sich primär „auf Verwertbares im Sinne der Gesellschaft und Wirtschaft" beziehen. (Speck 2014, S. 88)

So wird heute eine Leistung definiert, die eigentlich eine Maschine besser erzielen kann als der Mensch. Und das Hauptanliegen der Erziehung, nämlich den Menschen zum Menschen zu bilden und ihm zu einem gelingenden Leben zu verhelfen, bleibt auf der Strecke – und der Weg vom Verwertungsblick zum Entwertungsblick gerade bei Menschen mit schwerer Behinderung ist wieder begehbar geworden.

Von der Quantität zurück nach vorn zur Qualität

Die heutige Wissenschaft beschäftigt sich mit dem Systematisieren und Analysieren von nachweisbaren Daten über bestimmte verifizierbare oder falsifizierbare Sachverhalte, um daraus Gesetzmäßigkeiten, zumindest aber Wahrscheinlichkeiten von möglichen oder zu erwartenden Folgen abzuleiten. Durch diesen Objektivismus reduziert sie aber individuelle Qualitäten auf abstrakte Quantitäten und entwurzelt dadurch den Menschen als Subjekt mit seiner tiefen Sehnsucht, „den Dingen eine neue Bedeutsamkeit, einen tieferen Sinn, einen Eigenwert zu verleihen". (Simmel 1922, S. 449) Dieses Verständnis des Kulturphilosophen und Soziologen Georg Simmel (1858 – 1918) hatte auch der Schweizer Heilpädagoge Heinrich Hanselmann (1885 – 1960) im Sinn. Hanselmann kritisierte die um Objektivität und Neutralität bestrebte Wissenschaft mit folgenden Worten: „Sollten aber Wertung und Wissenschaft unvereinbar miteinander sein, so ist damit noch nichts gegen die Berechtigung und Notwendigkeit wertender Tätigkeit gesagt, sondern höchstens gegen die Zulänglichkeit der Wissenschaft." (Hanselmann 1955, S. 33)

Verlorenes unter den Bedingungen der Gegenwart wiedergewinnen

Geboten ist eine qualitative Praxisforschung, die ein vertieftes pädagogisches Nachdenken und Handeln ermöglicht. Durch diese „Qualitative Research" kann das, was verloren gegangen ist, wiedergewonnen werden. Es geht mir nicht um ein Forschungsobjekt, sondern um ein Auseinandersetzen meines forschenden Bemühens mit mir selbst: Es geht um Autoethnografie und narrative Forschung. Dadurch werden Aspekte der Erziehungswirklichkeit, die durch die positivistische Wissenschaft ausgegrenzt wurden, in eine menschenwürdige Forschung integriert.

Bei diesem Erkenntnisweg wird der abstrakte Begriff, der bei näherem Hinsehen eine Reduktion der Wirklichkeit ist und auf eine Materialisierung des Menschen hinausläuft, in ein intuitives und vertrauenswürdiges Verstehen des Mitmenschen gewandelt. (Majorek 2004, S. 200) Durch diese verstehende Haltung ändert sich das Erfahren der Wirklichkeit. Und der Wissenschaftler, Theoretiker oder Praktiker kann Bildung pflegen: nämlich die erlebte Wirklichkeit vom Standpunkt des anderen Menschen betrachten.

Beispiele: In der pädagogischen Situation den anderen sehen und ihm auf Augenhöhe antworten

- Eine Heilpädagogin erzählte mir von der Begegnung mit Angelchen, einem schwerbehinderten Kind: *„Angelchen ist ein zierliches, blondlockiges Kind mit ernsten Augen, die nicht wahrzunehmen scheinen. ‚Frühkindlicher Autismus' lautet die Diagnose. An der Hand der Großmutter nimmt sie bei Aktivitäten unseres Spielkreises teil. […]. Angelchen brummt vor sich hin. ‹MMM – MMM› ist zu hören. Ich meine, sie will mir etwas sagen – warum antworte ich eigentlich nicht in ihrer Sprache? Jetzt weiß ich plötzlich, worauf sie vielleicht wartet: Ich antworte ihr im gleichen Rhythmus ‹MMM – MMM›. Angelchen dreht den Kopf zu mir und wiederholt erstaunt fragend ‹MMM – MMM›. Kurze Pause, ich antworte wieder in unserer nun gemeinsamen Sprache. Angelchen ist hellwach, ihre Augen blicken nicht mehr ins Leere, sie schaut mich an, wir begegnen uns. Das Gespräch geht zwischen uns hin und her […]"*

Hier begegnen sich zwei Menschen von Angesicht zu Angesicht und gestalten gemeinsam ihr Dasein, das unvermeidlich in die Verantwortung führt. Der andere wird zum Du. Die Heilpädagogin ist ganz im Sinne des griechischen Wortes „therapeuein" tätig. Sie begleitet das Kind mit einer helfenden und dienenden Haltung. Ihre „therapeutische Erziehung“ (Klein/Neuhäuser 2008) wendet sich aus innerstem Menschsein dem Bedürfnis und Bedarf des Kindes zu und antwortet ihm mit ihrer Professionalität, ihrer Werthaltung, ihrer Wissens-, Handlungs- und Sozialkompetenz. Sie ist fähig, sich in Sinnzusammenhänge und Entscheidungsstrukturen des Kindes einzufühlen, und ermöglicht ihm spurenhaft den Aufbau eines inneren Halts, um den sich der moderne Reformpädagoge und Arzt Janusz Korczak (1878 – 1942) bei der Erziehung seiner Waisenkinder bemühte (Klein 1997): Korczak ging es bei seinem forschenden Lernen weniger um ein Vermitteln von Inhalten, die sich das Kind aneignen soll. Vielmehr wollte er durch schöpferisches Tun beim Kind seine individuellen Sichtweisen, Denkformen und Handlungsmöglichkeiten anregen, die es aus eigener Kraft gleichsam selbst schöpferisch und spielerisch gestalten kann.

Bei diesem unmittelbaren Dialog von Mensch zu Mensch wird das Du wie das Ich erlebt, und das Ich wird wie das Du erlebt. Wie das gemeint ist, das können uns die Worte eines jungen Menschen mit Schwierigkeiten im Verhalten lehren, der dazu neigt, ohne ersichtlichen Anlass einem anderen die Haare auszureißen: Peter schrieb seinem Erzieher: *„Ich spreche mit meinen Augen, mit meinem Lachen, mit meiner Fröhlichkeit, mit meiner Traurigkeit unverfälscht pur. Das ist meine Sprache. Wenn du dein Herz aufmachst, wirst du mich verstehen.“*

In dieser Sprache des Herzens begegnen sich zwei Menschen auf Augenhöhe. Und der Erwachsene lernt aus dieser Begegnung mit dem jungen Menschen: Sein Du wird zu meinem Ich, und mein Ich wird zu seinem Du. In dieser helfenden, ganz machenden oder heilenden pädagogischen Situation ist das zu begleitende, zu leitende und zu unterstützende Kind kein Gegenstand mehr. Wird dagegen das Kind mit Autismus (wie Angelchen) oder das Kind mit Aggressionen (wie Peter) zum reinen Gegenstand, dann entsteht keine Begegnung von Ich und Du, und das Kind kann distanziert als Objekt behandelt, abgerichtet und manipuliert werden.

Erfahrungserkenntnis bewusst machen

Das Hinwenden zur Erfahrung darf nicht als Rückkehr ins Vorwissenschaftliche verstanden werden, denn Erfahrungserkenntnis soll ja selbst zur wissenschaftlichen Erkenntnis werden. Hier erfahren Wissenschaftler und Praktiker das, was wirklich ist, und sie erfahren das, was möglich ist.

Erfahrungserkenntnis ist eine Erkenntnisart, die sich auf Erfahrungen gründet. Darauf hat der bedeutendste Philosoph der Aufklärung, Immanuel Kant

(1724 – 1804), in der Einleitung zur Kritik der reinen Vernunft hingewiesen. Die Erfahrung kommt zu Wort, die nicht gleich verallgemeinert wird. Vielmehr wird die Erfahrung mit eigenen Worten beschrieben, und die Begriffe bleiben auf empirische Situationen bezogen.

Gerade das Erfahren der eigenen Fehler hält schöpferische Kräfte in Bewegung. Darauf hat bereits Christian Gotthilf Salzmann (1744 – 1811), Aufklärer, Philanthrop und Reformpädagoge, in seinem „Erziehungsplan für Erzieher" aufmerksam gemacht: Der Erzieher habe für die Fehler zuallererst den Grund „in sich selbst" zu suchen. Es gehört zu seinem Beruf, dass er in der Erziehungssituation Fehler macht. Diese kann er aufspüren, wenn er zu seinem Handeln inneren Abstand nimmt.

Zum eigenen Handeln inneren Abstand nehmen

Das Abstandnehmen zum eigenen Handeln kann gelernt werden. Nicht im Sinne einer ständigen Selbstreflexion, denn dies würde nur unsicher machen und die schöpferischen Kräfte würden erlahmen.

Das pädagogische Handeln ist nach den aus eigener Erfahrung erkannten Grundsätzen (Prinzipien) methodisch zu gestalten. Dadurch kann auch den von außen kommenden Ratschlägen, die heute die „Trickkunde" der Ratgeberliteratur anbietet, entkommen werden, weil die handelnde Fachkraft ihre Erfahrungen der (selbst-)bewussten Kontrolle durch Prinzipien unterzieht, nach denen sie ihr Handeln methodisiert. Diese Selbstkontrolle ist erlernbar und führt zu einer in der Person der Pädagogin verankerten methodischen Haltung (Haltungsmethode) sich selbst und den Aufgaben gegenüber. (Klein 2013)

„Pädagogischen Takt" pflegen

Das meint nichts anderes als den „pädagogischen Takt", den der Philosoph, Pädagoge und Psychologe Johann Friedrich Herbart (1776 – 1841) in die Erziehungswissenschaft eingeführt hat. Im Modell des pädagogischen Takts ist die Theorie im Sinne der Prinzipien der Erziehung nicht mehr allein der Regent der Praxis. Die Regentenaufgabe hat die im Gewissen verankerte pädagogische Verantwortung, die sich durch wechselseitige Kontrolle von Theorie und Praxis, von Prinzipien und Praxiserfahrungen ausbildet. Diese Kontrolle kann jede Pädagogin und jeder Pädagoge allein oder im Team üben: Sie können überlegen, prüfen, abwägen – und dann entscheiden, was sie tun und wie sie es tun.

Durch diese Selbstreflexion erlebt sich die pädagogische Fachkraft als lernende Person und entdeckt neue Wege. Sie bewegt sich auf noch Unbekanntes zu und überwindet dadurch die alltägliche Routine. Ihr Denken bleibt auf empirische (erfahrbare) Situationen bezogen. Genau das hatte Herbart im Modell des „pädagogischen Takts" im Blick: Durch das wechselseitige Verknüpfen von Prinzipien und Praxis bilden sich Dispositionen für ein möglichst situationsgerechtes Gestalten der pädagogischen Situation.

Hier werden Wissen und Können in der Auseinandersetzung mit theoretischen Fragen und praktischen Problemstellungen zur pädagogischen Haltungskompetenz erweitert und vertieft. Und die pädagogische Beziehungsgestaltung kann in ihren tiefer liegenden Zusammenhängen erfahren und erprobt werden. Das kann auch mit schmerzlichen Prozessen verbunden sein.

Selbstbildung – eine nie endende Aufgabe

Die auf diese Weise sich bildende pädagogische Fachkraft wächst mit konkreten Erfahrungen des Erfolges und Misserfolges, der Freude und des Leids in die Verantwortung. Genau hier beginnt ihre Selbstentwicklungsaufgabe: Im Einsatz für die konkrete Aufgabe vollzieht sich jene innere Reifung, die die Bedingungen der pädagogischen Situation sensibel erfasst, die eigenen Wirkungen auf das Kind reflektiert und zugleich fähig ist, den inneren Abstand von sich selbst zu wahren und Distanz zu pflegen. Distanz ist notwendig, um den Erziehungsprozess und die Stabilität der eigenen Persönlichkeit nicht zu gefährden.

Fazit

- Das pädagogische Handeln geht von der Praxis aus. Es achtet den pädagogischen Takt, die wechselseitige Kontrolle von Prinzip und Erfahrung. Hier werden neues Wissen und Können für die weitere Praxis generiert. Und es bildet sich eine in der Person verankerte und intersubjektiv nachprüfbare methodische Haltung aus. Diese in der Person verankerte Haltungskompetenz wird auch die zunehmende Pluralisierung der Lebenswelten und den sozialen Wandel beachten.
- Durch die wechselseitige Kontrolle von Prinzip und Erfahrung wandelt sich die Pädagogik als Technik in eine Erziehungskunst der gemeinsamen Gestaltung des Daseins. Hier wird der „einfühlsame Dialog" zur bewegenden geistigen Kraft. Und das Objektivitätsdenken verändert sich hin zur Bewusstseinskultur, auf die uns die UN-Behin-

dertenrechtskonvention ganz zentral hinweist. Das hatte bereits der amerikanische Philosoph, Sozialwissenschaftler und Reformpädagoge John Dewey (1859 – 1952) im Blick. Dewey sah in den gemeinsam geteilten Erfahrungen der Lehrenden und Lernenden aller Bildungsstätten eine Stärkung der Demokratie als Lebensform – keinesfalls nur als Regierungsform. Die Realisierung dieser Idee ist der Praxiswissenschaft Pädagogik/Frühpädagogik aufgegeben.

1.3 Selbstverständnis der Heilpädagogik

Von der gegebenen zur aufgegebenen Politik

In seinen moralischen Schriften spricht der Humanist und Semiotiker Umberto Eco (1932 – 2016) davon, dass er durch die Kraft des Wortes „Freiheit" neu geboren wurde: „Wir müssen wachsam bleiben, damit der Sinn dieser Worte nicht wieder in Vergessenheit gerät. Der Ur-Faschismus ist immer noch um uns, manchmal in gutbürgerlich-ziviler Kleidung. Es wäre so bequem für uns, wenn jemand auf die Bühne der Welt träte und erklärte: ‚Ich will ein zweites Auschwitz, ich will, dass die Schwarzhemden wieder über Italiens Plätze marschieren!' Das Leben ist nicht so einfach. Der Ur-Faschismus kann in den unschuldigsten Gewändern daherkommen. Es ist unsere Pflicht, ihn zu entlarven und mit dem Finger auf jede seiner neuen Formen zu zeigen – jeden Tag, überall in der Welt. […] Freiheit und Befreiung sind eine niemals endende Aufgabe. Unser Motto muss heißen: ‚Nicht vergessen!'" (Eco 2000, S. 67 f.)

Heilpädagogik hat auch ein politisches Mandat: Weil der Ur-Faschismus gerade heute wieder den Humanismus in seiner Substanz bedroht, stellt sich der vertieften Pädagogik die Aufgabe, die Achtung des anderen in Freiheit und Verantwortung öffentlich bewusst zu machen. Denn ohne das achtsame Miteinander, auch im Streit mit dem vernünftigen Argument, gelingt kein demokratischer Prozess in der westlichen Kultur, die nach Eco die Fähigkeit entwickelt hat, ihre eigenen oft widersprüchlichen Bedingungen freimütig offenzulegen. Bei diesem Prozess spielt die Heilpädagogik an vorderster Stelle mit. Sie kann den Ur-Faschismus durch ihre sinnzentrierte Praxis entlarven, die sich durch eine „gemeinsame Daseinsgestaltung als gemeinsamer Gestaltungsprozess vollzieht." (Kobi 2004, S. 74) Das zeigen auch die Anfänge der Heilpädagogik, die mein Denken und Handeln begleiten. Auf einige Aspekte der heilpädagogischen Bewegung weise ich im Folgenden kurz hin. (vgl. Klein 2015, S. 77 ff.)

Von der gegebenen zur aufgegebenen Heilpädagogik

Prähistorischen Forschungen zufolge gab es schon in den vorchristlichen Kulturen verschiedene Formen des sozialen Umgangs mit körperlich und gesundheitlich beeinträchtigten Menschen. Sie blieben Teil des Ganzen. In ihrer Not bekamen sie Beistand und Hilfe. Mitmenschliches Beistehen in Notlagen ist ein zentraler Bestandteil jeder Kultur.

In der neueren Zeit hat Johann Amos Comenius (1592 – 1670) das Lehrbuch „Didactica magna" (Große Didaktik) geschrieben und den Begriff „remedium" (Heilmittel) eingeführt. Er bezog den Begriff auf Menschen, die heute als geistig behindert und lernbehindert bezeichnet werden, ebenso auf Blinde, Taube und „auf Menschen ohne Hände". Nach seiner allumfassenden Pädagogik sind alle Menschen lernfähig, denn immer „ist ein Eingang zu der vernünftigen Seele vorhanden". Durch „ heilende Erziehung" muss in jeden Menschen „ein Licht hineingetragen werden". Noch heute weist der englische Begriff „remedial education" auf den alle Menschen mit Beeinträchtigungen umfassenden pädagogischen Ursprung hin. Comenius ging es um die Bildung des Menschen zur Menschlichkeit in der Gemeinschaft.

Der Begriff Heilpädagogik wurde 1857 von dem Philosophen und Pädagogen Johann Daniel Georgens (1823 – 1886) und dem medizinisch ausgebildeten Pädagogen Heinrich Marianus Deinhardt (1821 – 1880) in den wissenschaftlichen und praktischen Sprachgebrauch eingeführt. Sie gründeten in Baden bei Wien die „Heilpflege- und Erziehanstalt für geistes- und körperschwache Kinder", genannt Levana, nach Jean Paul Friedrich Richters (1763 – 1825) Buch „Levana oder Erziehlehre". Levana („die sich Erhebende/Aufhebende") war eine altrömische Göttin des Sonnenaufgangs und Beschützerin der Neugeborenen. Sie wurde angerufen, wenn ein neugeborenes Kind in die Familie aufzunehmen war.

Als Pädagogen gründeten Georgens und Deinhardt die Levana. Sie sprachen vom Recht auf Erziehung für alle Kinder. Dieses Recht realisierten sie durch die Aufnahme in ihre Einrichtung, die sie als Teil des gesamten Erziehungssystems verstanden. Die beiden Levana-Pädagogen wirkten im Geist der Humanität. Ihr Motiv war das uneingeschränkte Ja zu jedem Kind. Sie verstanden das im Denken oder Verhalten, in den Bewegungs- oder Sinnesfunktionen beeinträchtigte Kind als Rechtssubjekt. Es ging ihnen um ein verfeinertes und gründliches pädagogisches Handeln, um „Modifikationen" (Abwandlungen) der Erziehung. Denn wo Sinne fehlen oder beeinträchtigt sind, der Wille zum Lernen, das Lern- oder Sozialverhalten nicht oder nicht hinreichend ausgebildet sind, da muss die pädagogische Kunst umso größer sein. Ihr pädagogisches Programm umfasste die Erziehung von körper- und geistesschwachen Kindern zusammen mit gesunden und vollsinnigen Kindern. Sie waren die ersten Pädagogen, die eine gemeinsame Erziehung behinderter und nicht behinderter Kinder begründeten.

Georgens und Deinhardt pflegten die Zusammenarbeit mit der Medizin und strebten eine Gesamtwissenschaft vom Menschen an. Ihre pädagogische Praxis verstanden sie als Zwischengebiet, das zwischen Medizin und Pädagogik angesiedelt ist. Sie wollten eine „Doppelwirkung" erreichen: Medizinische Behandlung und pädagogische Hilfe ergänzten einander. Arzt und Erzieher suchten gemeinsam nach Wegen der Gesunderziehung und lernten bei dieser interdisziplinären Praxis ihre eigenen Grenzen zu erkennen und auszuweiten. Der Kompetenztransfer ermöglichte ihnen, das einzelne Kind besser zu verstehen und ihr pädagogisch-therapeutisches Handeln bewusster und situationsgerechter zu gestalten.

Aus dem Bedürfnis der Praxis ist der erste universitäre Lehrstuhl für Heilpädagogik hervorgegangen. Verschiedene Schweizer Verbände, die sich um Menschen mit Behinderung kümmerten, gründeten 1920 in Zürich den Zweckverband „Heilpädagogisches Seminar" – eine Aus- und Weiterbildungsstätte für Erzieher und Lehrer. Heute ist das Züricher „Heilpädagogische Seminar" eine differenziert ausgebaute Bildungsstätte. Nach langen Verhandlungen erhielt Heinrich Hanselmann, der sich 1923 an der Philosophischen Fakultät I der Universität Zürich im Fach Heilpädagogik habilitierte, 1931 die erste Professur für Heilpädagogik im deutschsprachigen Raum.

In gleicher Weise wie Hanselmann war sein Nachfolger Paul Moor (1899 – 1977) mit der heilpädagogischen Praxis eng verbunden. Hanselmann und Moor nahmen an den rhythmisch-musikalischen Übungsstunden aktiv teil, die Mimi Scheiblauer (1891 – 1968) im Erziehungsheim Albisbrunn-Zürich mit schwierigen Kindern und Jugendlichen durchführte. Sie konnte mit ihrer „Scheiblauer-Rhythmik" überzeugend zeigen, dass es kein bildungsunfähiges Kind gibt: Jedes Kind ist bildbar.

Die beiden Wissenschaftler Hanselmann und Moor standen mit beiden Beinen in der Praxis. Sie waren bemüht, den Menschen mit seinen Schwierigkeiten wahrzunehmen und nicht den schwierigen Menschen; sie waren bemüht, den Menschen, der bestimmte Symptome zeigt, in seiner integren Ganzheit zu verstehen (und nicht das Auffällige oder Störende des Menschen) und Wege des pädagogischen Helfens zu suchen. Auf diese Erfahrungen bauten sie ihre Theorie auf. Die Individualität des Menschen mit Beeinträchtigung stand im Zentrum ihres Wahrnehmens und Verstehens, Handelns und Denkens. Bei dieser ganzheitlichen Betrachtung werden die Schwierigkeiten und Auffälligkeiten als nachgeordnete Erscheinungen gesehen.

Paul Moor ging in seiner Dissertation „Die Verantwortung im heilpädagogischen Helfen" (Moor 1936) von weiteren Erfahrungen aus, die er als Erzieher in einem Heim für Kinder mit Entwicklungsbeeinträchtigungen in der Mark Brandenburg machte. Das Naziregime strich die Mittel für das Kinderheim und zwang ihn zur Rückkehr in die Schweiz. Moor fragte auf dem Hintergrund der von den Verhältnissen der Zeit diktierten Erfahrungen nach der pädagogischen Verantwortung für Menschen, die schwierig (geworden) sind.

Durch unvoreingenommene Teilnahme am wirklichen Leiden des anderen gewinnt er einen Standpunkt, der vom anderen ausgeht. Er fühlt sich von der Lebenssituation des anderen angesprochen und zur Hilfe aufgerufen, steht dem anderen bei, leistet ihm Beistand im wahrsten Sinne des Wortes. Er ist in der helfenden Verantwortung für den Nächsten.

Moors Wahrnehmen und Verstehen möchte dem Subjekt seine eigene Entscheidung ermöglichen und ihm bei der Selbstausformung seiner Kräfte, beim „schöpferischen Schaffen" behilflich sein. „Insbesondere erlaubt Verantwortung im Helfen nicht, sich auf irgend eine psychologische Schule und deren Methoden festzulegen, sondern verlangt, dass sämtliche möglichen Aspekte zugleich in Betracht gezogen werden, damit ihre Einseitigkeiten sich gegenseitig beschränken können." (Moor 1936, S. 114)

Mit dieser Haltung überwindet Moor das äußerlich technische Behandeln des Menschen mit Behinderung. Er darf nicht der Ideologie eines Kosten-Nutzen-Denkens geopfert werden. Geschieht dies dennoch, dann wird er nicht mehr gebildet, sondern zum Objekt eines unpersönlichen technischen Behandelns. Und das heilpädagogische Handeln wird dann zum Machen, das für die eigentliche Frage der Bildung des Gemüts und Willens blind geworden ist.

Der andere Mensch nimmt Moor in die Pflicht des Helfens – ohne Voreingenommenheit und Vorurteil, aber mit „verschärfter Selbstkritik". Der Sinn des heilpädagogischen Helfens liegt für Moor darin, dem hilfebedürftigen Menschen zu dienen und ihm durch Unterstützen, Beistehen und Ermutigen sein erschwertes Leben zu erleichtern. Das tiefer liegende Motiv des verantwortlichen Helfens liegt in der Idee der Humanität (Mensch ist Mensch, jeder Mensch ist einmalig, einzigartig und ein gleichwertiges Rechtssubjekt) und in der Idee der Caritas (Liebe zum Nächsten) begründet. Beide Ideen vereinigen sich in der Solidaritätsidee, die ein solidarisches Handeln mit

Behinderten, Beeinträchtigten und Vernachlässigten einfordert und den demokratischen Staat zur individuellen Hilfe verpflichtet. (vgl. Klein/Meinertz/Kausen 1999, S. 16 f.)

Die aufgegebene Pädagogik achtet drei heilpädagogische Grundregeln

Für Paul Moor ist die wichtigste pädagogische Frage nicht die Ausbildung der didaktisch-strategischen Kompetenzen, sondern die Selbstbildung der Erzieherin/des Erziehers. Moor fragt: Wie muss ich sein, um das Sein des Menschen mit Behinderung zu erkennen und mit ihm seinen „inneren Halt" in der Gemeinschaft mit anderen Menschen aufzubauen? Der Aufbau der haltgebenden inneren Kraft für ein gemeinsames Leben und Lernen ist der Heilpädagogik aufgegeben. Sie hat dem einzigartigen und einmaligen Menschen sein Leben und Lernen zu ermöglichen.

Als Grundorientierung für die pädagogische Arbeit nennt Paul Moor drei Regeln, die für die Integrations- und Inklusionspädagogik bedeutsam geblieben sind, denn Heilpädagogik ist nichts anderes als Pädagogik, als qualitativ andere Pädagogik: Es müssen stets mehr Gesichtspunkte bedacht, miteinander in Beziehung gebracht werden, und dabei ist vertiefter, genauer und sorgfältiger zu überlegen, zu planen und zu handeln. (Klein/Meinertz/Kausen 1999, S. 19) Die drei heilpädagogischen Grundregeln lauten:

- *„Wir müssen das Kind verstehen, bevor wir es erziehen. [...]*
- *„Wo immer ein Kind versagt, haben wir nicht zu fragen: Was tut man dagegen? – Pädagogisch wichtiger ist die Frage: Was tut man dafür? – Nämlich für das, was werden sollte und werden könnte."* Das bedeutet: Es geht nicht darum, einen Fehler zu beheben, sondern dem Kind zu helfen, Fertigkeiten aufzubauen, zu erziehen.
- *„Wir haben nie nur das entwicklungsgehemmte Kind als solches zu erziehen, sondern immer auch seine Umgebung."* Denn die Umgebung hat Mitleid und weiß doch zunächst nicht, wie zu helfen ist. „Darum muss alles Reden von der Erziehung des entwicklungsgehemmten Kindes immer und in allem zugleich ein Appell an die Selbsterziehung des Erziehers sein." (Moor 1999, S. 17 f.)

Der Selbsterziehung oder Selbstbildung des Erziehers widmet Paul Moor das abschließende Kapitel seines pädagogischen oder heilpädagogischen Grundlagenwerkes. Ich wage nun den Versuch diese Selbstreflexion am eigenen Beispiel zu skizzieren.

1.4 Einblick in mein Denken und Handeln

Vorhaben

Der folgende Einblick in meine Professionalität kann als persönlicher Bericht eines Zeitzeugen verstanden werden, der seine berufliche Tätigkeit unter den Bedingungen der von ihm erlebten Zeit beschreibt und sein Denken und Handeln, sein Forschen und Lehren als Einheit sieht. Damit komme ich einer mehrfach geäußerten Bitte nach. Abschließend mache ich auf Fragen aufmerksam, die sich gegen das äußerlich-technische Fortschreiten der Pädagogik und Heilpädagogik wenden, eine sinnzentrierte Selbstausbildung der pädagogischen Fachkraft ermöglichen und den Nihilisten heute antworten können. Bei diesem Vorhaben werden große Menschen der Weltgeschichte nicht einfach ignoriert, denn sie schrieben generationenübergreifend.

Man könnte einwenden, dass meiner Darstellung der Geruch des Narzissmus anhafte. Doch in neueren Beiträgen zur Forschung und Lehre wird der Selbstdarstellung des Wissenschaftlers Raum gegeben, da sie zu einem nicht unerheblichen Erkenntnisgewinn beitragen kann. (Krampen 2016) Zur Darstellung selbst ist noch anzumerken, dass das organisch Ganze der Heilpädagogik nicht auf einmal in Sprache gefasst werden kann, sondern nur in einem verzweigten und wechselseitig sich ergänzenden Nacheinander. Das macht es nötig, bisweilen eine Stelle mehrmals zu berühren.

Im Strom der heilpädagogischen Bewegung – offen sein für die „Nöte der Zeit“

Im Vorwort der Schrift zu meinem 70. Geburtstag „Beiträge zu einer Pädagogik der Achtung“ führen die Herausgeber Hartmut Sautter, Ursula Stinkes und Rainer Trost (2004, S. 7 f.) an: *„1934 in Schwedler in der Ostslowakei geboren, besuchte Ferdinand Klein die dortige Volksschule, bis die Zeitwirren 1944 seine Familie zur Flucht zwangen. [...] Nach Abitur und Ausbildung zum Volksschullehrer am Institut für Lehrerbildung in Bamberg und der Zeit als Lehramtsanwärter war er vier Jahre an einer einklassigen Landschule tätig, ehe er die Sonderschullehrerausbildung in München absolvierte. Es folgten eine Tätigkeit als Sonderschullehrer und dann als Sonderschulrektor einer neu aufzubauenden Schule für Geistigbehinderte. Parallel widmet sich Ferdinand Klein weiter dem Studium der Pädagogik, Psychologie, Philosophie und Neuropädiatrie; mit der Promotion bei Wolfgang Sünkel in Erlangen [...] fanden diese*

Studien ihren äußeren Niederschlag. Kurz darauf wechselte er an die Universität Würzburg, wo er neben einer Lehrauftragstätigkeit an der Universität München schon in den Jahren 1971 bis 1975 als Lehrbeauftragter gewirkt hatte. Zwei Jahre später – 1982 – wurde Ferdinand Klein an die Universität Mainz auf eine Professur für Geistigbehindertenpädagogik berufen. Von 1968 bis 1986 setzte er sich ehrenamtlich auf Kreis-, Landes- und Bundesebene für die ‚Lebenshilfe für geistig Behinderte' ein. 1990 folgte er einem Ruf an die Fakultät für Sonderpädagogik der Pädagogischen Hochschule Ludwigsburg mit Sitz in Reutlingen, wo er bis zur Ruhesetzung 1997 die Professur für Geistigbehindertenpädagogik innehatte.

In diese Zeit fiel von 1992 bis 1994 sein engagierter Einsatz beim Wiederaufbau und Ausbau des Instituts für Rehabilitationspädagogik der Martin-Luther-Universität Halle-Wittenberg als Beauftragter des dortigen Senats, nachdem ihn ein Hilferuf von Mitarbeiterinnen des fast verwaisten Instituts erreicht hatte. Wieder zurück in Reutlingen blieb er der Arbeit für die neuen Bundesländer beratend und mit Lehraufträgen an den Universitäten Halle und Erfurt treu; seit seiner Ruhesetzung erweitert er dieses Engagement auf die osteuropäischen Länder Polen, Tschechien, Ungarn und insbesondere in Form einer bis heute andauernden Gastprofessur auf die Slowakei, der er durch seine Biografie in besonderer Weise verbunden ist."

Vor allem die Biografie von Friedrich Fröbel (1782 – 1852), Begründer des Kindergartens (Lebensgarten für Kinder), der „aus dem innersten Kern seines Wesens heraus Pädagoge, nichts als Pädagoge war" (Klein 2015, S. 113), interessierte mich. Neben der beruflichen Tätigkeit studierte ich seine Spielpädagogik, über die ich die Doktorarbeit schreiben wollte. Seine Gedanken gingen dann in die Dissertation zur Früherziehung ein. (Klein 1979) Fröbels Kernaussage „Erziehung ist Beispiel und Liebe, sonst nichts" begleitet noch heute mein Denken und Handeln.

Mein Wirken verstehe ich als Teil der heilpädagogischen Bewegung im Wandel der Zeit. Die Geschichte der Heilpädagogik zeigt, wie helfende Menschen ihre Anliegen aussprachen und ihr Interesse am anderen Menschen darlegten. Behinderte, benachteiligte und ausgegrenzte Menschen riefen in ihnen Kräfte der Liebe wach und motivierten zum Handeln. Ihre mitfühlenden Liebeskräfte motivierten Praxis und Theorie. Das führen uns die „Lebensbilder bedeutender Heilpädagoginnen und Heilpädagogen des 20. Jahrhunderts" recht anschaulich vor Augen. (vgl. Buchka/Grimm/Klein 2002) Diese heilpädagogischen Persönlichkeiten, Männer und Frauen, Pädagogen, Ärzte, Pfarrer oder Theologen, trotzten mit ihrer Haltung den Widerständen der Zeit. Ihrer Erziehungs- und Bildungsarbeit lag eine Vorstellung vom Wesen,

Sinn und Zweck des Menschen, also von der Bestimmung des Menschen zugrunde.

Sie erlebten den Konflikt und die Widersprüchlichkeit mit der „Trotzmacht des Geistes“ (Frankl 1977) immer tiefer. Sie gaben nicht auf. Im Gegenteil: Durch ihre empathische Haltung und ihr empathisches pädagogisches Handeln wuchsen ihnen ungeahnte Kräfte zu, die nicht von den gegebenen Bedingungen bestimmt waren, sondern von sinnerfüllten Entscheidungen, die sie trafen. Sie waren, um mit Paul Moor zu sprechen, auf dem Weg des Reifens zur „Sinngewissheit“. (Moor 1981, S. 5) Auf dieser Spur bewegt sich mein gewagtes biografisches Mosaik, das Albert Schweitzers „Heimweh nach dem Kindsein in uns“ nicht aus den Augen verliert:

„Das ist das Große am Kind,
dass es das Gute bei dem Menschen immer wieder
als selbstverständlich voraussetzt.
Das Vertrauen, das in seinen Augen leuchtet,
weckt ein fast erschütterndes Heimweh nach dem Kindsein in uns,
denn das haben wir im Leben verloren.“
(Schweitzer 2001, S. 1014)

1.5 Stationen meines beruflichen Wirkens

Erste Station:
Prägende Erfahrungen mit schwerbehinderten Menschen und ihren Helfern

Als ich 18 Jahre alt war, führte mich der Weg in die Heil- und Pflegeanstalt Bruckberg bei Ansbach, eine Einrichtung der bayerischen Diakonie. Dort betreute ich in den Sommerferien eine sehr heterogene Gruppe mit 18 schwer- und mehrfachbehinderten Jugendlichen und Erwachsenen, die zum Teil auch erheblich traumatisiert und psychisch behindert waren. Diese Menschen hatte mir der Anstaltsleiter anvertraut. Ich wollte sein Vertrauen (vermutlich?) nicht enttäuschen, strampelte wie ein Frosch im Butterfass nach oben und machte prägende pflegerische und erzieherische Erfahrungen.

Mit diesen Menschen lebte ich über einen Monat lang Tag und Nacht zusammen. Ich versuchte mich auf jeden Einzelnen einzustellen und war bemüht, den vielen, oft völlig überraschenden problematischen Situationen möglichst situationsgerecht zu begegnen. Dabei lernte ich ihre liebenswürdigen Seiten, aber auch ihre weniger guten näher kennen. Und ich versuchte mich von der oft schwierigen Pflege- und Erziehungssituation zu distanzieren und aus ihr etwas Positives herauszufiltern und zum Guten zu wandeln. Gespräche mit anderen Betreuern waren hilfreich.

Mich ermutigte das Handeln der Diakonissinnen, die mir mit einem bejahenden Lächeln begegneten und trotz ihres hohen Alters unermüdlich arbeiteten. Ihr von Herzen kommender pflegepädagogischer Dienst motivierte mich. Ihr Beispiel bewegt mich noch heute, ermutigt zum pädagogisch-pflegerischen Handeln. Inzwischen ist die Pflegepädagogik ein interdisziplinäres Forschungs-, Fach- und Studiengebiet geworden.

Später erkannte ich in historischen Forschungen, dass Pädagogik ein Dienst für die nachwachsende Generation ist. Ich führte den Begriff Dienstpädagogik in mehreren Studien näher aus. Worin sahen die Schwestern den Sinn ihres Tuns? Im Dienst für den Nächsten, den sie mit Hingabe und Freude pflegten. Diesen Dienst finden wir in den Ursprüngen der Pädagogik: Erzieher und Erzieherinnen halfen anderen Menschen. Sie dienten ihrer Entwicklung.

Ich habe also bereits sechs Jahre vor Gründung der Bundesvereinigung Lebenshilfe für Menschen mit geistiger Behinderung und in den folgenden Jahren – noch unbeeinflusst von wissenschaftlicher Theorie, ganz unmittelbar und wie selbstverständlich – grundlegende pflegerische und erzieherische Erfahrungen gemacht. Später konnte ich diese Erfahrungen beim Studium und in der Praxis weiter ordnen und erkennen, dass Pflege ein wesentlicher Teil der Erziehung ist. Wer diese Erziehung infrage stellt, muss sich fragen lassen, wie er das begründet. Die Beweislast liegt bei denen, die das gesetzlich zuerkannte Erziehungsrecht bestreiten wollen.

Die Bruckberger Heime besuchte später die Schweizer Heil- und Musikpädagogin Mimi Scheiblauer. Mit ihren rhythmisch-musikalischen Spielübungen überzeugte sie, dass es „kein lebensunwertes, kein bildungsunfähiges Leben" gibt. Ihr Film „Ursula oder das unwerte Leben" (Erstaufführung im ZDF am 11.11.1969) zeigt, wie bei jedem Menschen mithilfe von Musik, Rhythmik und Spiel seelisch-geistige und körperliche Kräfte – zur Freude aller – geweckt und entwickelt werden können. (vgl. Klein 2012, 155 ff.)

Mimi Scheiblauer nimmt mit Ursula, einem taubblinden Kind, Kontakt auf

Ein Jahr vor ihrem Tode folgte Mimi Scheiblauer meiner Einladung und führte ein mehrtägiges Rhythmikseminar bei der Erlanger Lebenshilfe durch. Ihre rhythmischen Spielübungen mit Kindern und uns Erwachsenen hatten sich bei uns so eingeprägt, dass wir nahezu in jeder Stunde „scheiblauerten", d. h. im Medium der Musik und Rhythmik die Erziehungs- und Bildungsarbeit mit zunehmender Freude bewegungserfüllt und kreativ gestalteten. Die Begegnungen mit der Persönlichkeit Mimi Scheiblauer und ihrem Werk sind aus meinem heilpädagogischen Wirken nicht wegzudenken.

Zweite Station:
In der einklassigen Volksschule Selbstbildung ermöglichen

Als Lehrer der einklassigen Dorfschule in Pommer (Oberfranken), in der ich fünf Jahre lang mehr als 30 Kinder der Jahrgänge eins bis acht gleichzeitig zu unterrichten hatte, nahm ich 1965 an dem Preisausschreiben des Bayerischen Lehrer- und Lehrerinnenvereins „Die voll ausgebaute Schule auf dem Lande" mit einem zehnseitigen Text erfolgreich teil. Ich begründete den Weg zur voll ausgebauten ländlichen Schule als Bildungsstätte mit folgenden Worten: „Voll Dankbarkeit blicke ich zurück auf meine Arbeit. Es waren harte Jahre, die mir oft das Letzte abverlangten. Ich war zunächst den umfangreichen Aufgaben nicht gewachsen. Viele Enttäuschungen und Entmutigungen hatte ich zu verkraften. Sie spornten mich aber andererseits an. [...] Es waren beglückende Erlebnisse, die ich mit den Kindern hatte. Ich lernte sie vor dem Hintergrund ihrer Eltern verstehen und konnte mit meiner Erziehungsarbeit fruchtbar wirken, lernte ich doch durch die lange Betreuung über Schuljahre hinweg die kindliche Eigenart immer besser verstehen. Es war beglückend für mich, zu erleben, wie meine Schule im Laufe der Jahre zu einer familienähnlichen Gemeinschaft zusammenwuchs und wie die größeren Kinder auf die kleineren erzieherisch einwirkten. [...] Auf der Basis der dringend notwendigen und von mir stark betonten Sozialbildung und Gemütsbildung konnte ich die Sachbildung heimatbezogen pflegen. Ich durfte miterleben, wie das Gelernte integrierender Bestandteil der Kinder wurde, wie es selbst wieder Organ für neue Aufgaben wurde und zur Selbstbildung führte. Die alljährlichen Prüfungen in der Abschlussklasse bestätigten den richtigen Weg meiner sozialpädagogisch orientierten Arbeit. [...]

Wir dürfen bei aller Respektierung des Leistungsaspekts, nicht vergessen, dass das Kind heute erzogen und gebildet werden will, ist doch seine Erziehung eine Bedingung seines Menschseins. [...] Bei der Entfaltung der individuellen Begabung des Kindes darf nicht allein sein Intellekt ‚gezüchtet' und es für den späteren Beruf fit gemacht werden. Die Schule muss vielmehr danach trachten, das Kind auf verinnerlichte Lebensziele hin zu erziehen, mithelfen, seine Urteils- und Denkfähigkeit zu entfalten und danach trachten, den sozialen Aspekt der Bildung, das Miteinander und das Füreinander, optimal zu realisieren."

Dritte Station:
„Ich trage keine Last, ich trage meinen Bruder"

Ich machte von 1964 bis 1980 weitere Erfahrungen in der Lebenshilfe Erlangen. Und als mir 1968 der Aufbau der Einrichtungen für Menschen mit geistiger Behinderung, die damals aus dem öffentlichen Bewusstsein noch weitgehend verdrängt wurden und als bildungsunfähig galten, anvertraut wurde, begannen wir in einer ausgedienten Fabrikbaracke mit der schulischen Bildungsarbeit – noch etwas außerhalb der Legalität. Nun begann der gemeinsame Kampf um ihr Bildungsrecht.

Eltern, die anfangs eher zurückhaltend waren, oft zu resignieren oder zu verzweifeln schienen, vertrauten uns ihre Kinder an. Mit ihnen kämpften wir um das Bildungsrecht für über 130 Kinder und Jugendliche in Erlangen und Umgebung. Der oft harte Kampf mit dem überzeugenden Argument richtete sich vor allem gegen die Politik und wegschauende Öffentlichkeit. Endlich, 19 Jahre nach dem Ende der Diktatur der Inhumanität, konnten wir an die Tradition der deutschen Hilfsschularbeit anknüpfen und die Schule für geistig Behinderte (heute: Schule mit dem Förderschwerpunkt geistige Entwicklung) in ihrer sozialen und therapeutischen Gestalt auf- und ausbauen.

Am Beginn meiner Aufbauarbeit bei der Erlanger Lebenshilfe hielt ich 1969 einen öffentlichen Vortrag, dem ich entnehme: „Wir Erzieher und Erzieherinnen sind überzeugt: Im aktiven Begleiten und Mitgestalten des Lebens der uns anvertrauten Menschen zeigt sich unsere solidarische Haltung, für die das Dichterwort steht: ‚Auf steiler Straße traf ich jüngst ein Mädchen, den kleinen Bruder auf den Rücken tragend. ‚Ei', sprach ich, ‚Kind da trägst du eine schwere Last!' Darauf sah verwundert mich das Mädchen an und sprach: ‚Mein Herr, ich trage keine Last, ich trage meinen Bruder.' Menschen, die wir tragen, sind Teil des Ganzen. Sie gehören zu uns und wir gehören zu ihnen. Sie sind in die menschliche Gemeinschaft hineingeboren: Familie, politische Gemeinde, Staat und Gesellschaft. Die Würdegarantie des Grundgesetzes gibt ihnen den notwendigen Schutz."

Vierte Station:
„Wagt es, euer Kind so anzunehmen, wie es ist"

Eltern, aber auch Freunde und Mitarbeiter der Erlanger Lebenshilfe, baten mich noch 1969 um einen weiteren Vortrag, dem ich den Titel gab: „Warum hat es gerade uns getroffen und was können wir für unser Kind tun?" Ich leitete den Vortrag mit dem Appell des Schweizer Heilpädagogen Paul Moor ein: „Wagt es, euer Kind so anzunehmen, wie es ist."

Zunächst ging ich auf die Einstellung der Umwelt gegenüber Menschen mit Behinderung ein, denn sie beeinflusst wesentlich die Einstellung der Eltern zu ihrem Kind. Deutlich vorhanden sind unklare und verschwommene gefühlsbetonte Vorstellungen. Die soziale Distanz ist umso größer, je auffallender eine Behinderung ist. Die gesellschaftliche Ausklammerungstendenz ist bei Kindern mit schwerer Behinderung besonders groß. Es besteht ein erhebliches Informationsdefizit. Soziale Vorurteile, das heißt hoch stereotype und emotional geladene Einstellungen der Gesellschaft, führen zu einer sozialen Diskriminierung der Kinder und ihrer Eltern, die sich durch dieses abwertende Verhalten verletzt fühlen.

Ich suchte eine Antwort bei Müttern: Viele Mütter haben durchlebt und später niedergeschrieben: Liebe und Geduld sind das Fundament unserer gemeinsamen Arbeit. Lassen wir drei Mütter (eine Schweizerin, eine Amerikanerin und eine Deutsche) zu Wort kommen:

Frau **Barbara Egli** schrieb:

„Es geschah uns, wir wollten es nicht.

Nie ist ein Mensch mehr der unbeeinflussbaren Natur ausgesetzt als eine Frau, wenn sie ein Kind trägt. Ein Mann wird kaum fähig sein, dieses unerhört Unheimliche und Wunderbare zugleich zu erfassen. Das Kind ist eines Tages einfach da und erweist sich als geschädigt. Von der ersten Stunde an braucht es Geduld, Geduld. Über Jahrzehnte hinweg immer wieder die einfachsten Dinge üben, Verrichtungen, die gesunde Kinder in kurzer Zeit verstehen und ausführen lernen – das wird zur großen Lebensaufgabe. Wem bedeutet es Freude und Erfüllung, ununterbrochen dieselben Handgriffe zu zeigen? Es mag wohl dafür prädestinierte Menschen geben, die sich vielleicht dann zu heilpädagogischen Berufen hingezogen fühlen und dort Großes leisten. Wir aber, wir ganz gewöhnlichen, unvorbereiteten Frauen, wir ungeduldigen, raschen, temperamentvollen Mütter, wir stehen ungewollt vor einer Aufgabe, für die wir uns nicht eignen. Nun muss eine intensive Selbstschulung und Selbsterziehung einsetzen. Ichbezogenes sollte zurückgedämmt werden, sonst ist die Mutter eines geistig behinderten Kindes immer unglücklich. Sie muss lernen, dass ein Menschenkind da ist, das nicht nur über wenige Jahre hinweg wie ein normales Kind ihre Kräfte absorbiert, sondern ein Leben lang. Sie muss versuchen, aus dem raschen, lauten Geschöpf, das sie vielleicht ist, eine freudige, humorvolle, wohltemperierte Seele zu werden, denn am wohlsten fühlen sich die Schwachen bei gleichmäßiger Wärme und Freundlichkeit. Überschwang nach beiden Seiten ist von Übel für sie. Von Depressionen und Leidenschaftlichkeit der Gefühlsausbrüche werden sie irritiert.

Frauen, die sich einer ausgeglichenen Gemütslage erfreuen, haben es leichter. Der Wille und der Verstand müssen mobilisiert werden, damit die unsteten Gemüter sich formen lernen, um allmählich zur Ausgeglichenheit vorzustoßen. Schwachbefähigte Kinder sind Seismographen – die leiseste Schwankung im Gemütsleben der Mutter registrieren sie und lassen durch eigene Nervosität und Angstgefühle die Mutter noch mehr leiden.

So entsteht ein unglücklicher Kreis, der kaum mehr durchbrochen werden kann. ‚Geduld ist alles.' Dieser Satz steht in Rilkes ‚Brief an eine junge Frau', ein Büchlein, das ich vor dreißig Jahren mit der ganzen Begeisterungsfähigkeit des romantischen jungen Mädchens las. Geduld ist alles – zweifach unterstrichen habe ich die Worte, das erste Mal fein zittrig, dann dick mit dem Lineal nachgezogen. Heute möchte ich einen Balken unter die drei Worte setzen. Ich lächle über meine Prophetie, die mich die Worte beachten und betonen ließ. Wie sehr sind sie jetzt meine täglichen Begleiter. Wenn ich früher die Strickarbeit ungezählte Male in die schwachen Finger der Tochter legte, wenn ich das Häkchen immer wieder mit der gewissen Drehung durch das bunte Garn führte, wenn ich Leitern von gefallenen Maschen aus unergründlichen Tiefen hob, war ich die Geduld selber. Die Ausdauer trug Früchte: Die Sofakissen sind von der Tochter wirklich selbst gestickt. Von morgens früh bis abends spät, vom Ankleiden bis zum Zusammenfalten des Hemdchens im Badezimmer sind tagtäglich tausend kleine Geduldsproben zu bestehen.

An besonders ermüdeten Tagen, wenn die erkämpfte Geduld zusammenbricht, kann es geschehen, dass ich mich einschließen muss, um ganz allein meine Verzweiflung hinter mich zu bringen. Aus solchen schweren Erschütterungen, über die ich nicht weiter sprechen möchte, rettet mich jeweils eine einzige Erkenntnis: ‚Geduld ist wohl alles, aber Liebe ist mehr.'"

Frau **Clara Park,** Mutter eines autistischen Kindes, erzählte in ihrem Tagebuch:

„Ich habe monatelang jede Nacht um unser Kind geweint, doch dann habe ich mich entschlossen, für mein Kind zu kämpfen. Und es ist mir gelungen, die Mauer einzureißen, die zwischen unserem Kind und der Außenwelt stand. Es war eine richtige Belagerung und sie hält noch an."

Später vermerkte sie: *„Mein Kind hat die ersten Worte gesprochen. Aber die Worte bedeuten ihm nichts. Sie sind nur Laute für mein Kind."* Nun versucht Clara Park mit unendlicher Geduld ihrem Kind nahezubringen, dass jedes Wort eine Bedeutung hat. Endlich konnte sie voll Freude in ihr Tagebuch schreiben: *„Mein Kind kann das Lied ‚Ringel, ringel Rosen' singen. Nun beginne ich damit, ihm zu erklären, was das Lied bedeutet. Ich zeige auf Kinder, die einen Kreis bilden und singe dazu das Lied."*

Frau **Ingeborg Thomae** führte in dem Beitrag „Mein Glück mit meinem kleinen Sohn" aus:

„Er ist ein geistig behindertes Kind, doch auch in ihm arbeiten geistige Kräfte, nur langsamer und auf unbeholfenen Wegen. Diese Kräfte des Verstandes aufzuspüren, sie zu wecken und zu pflegen erfordert von den Eltern und Geschwistern eines behinderten Kindes viel Verständnis und Geduld. Man kann nur nüchtern berichten, dass es möglich ist, trotzdem den Mut zu behalten, und dass man in seine Aufgabe hineinwachsen, sie allmählich bewältigen und sogar wieder fröhlich werden kann.

So viel ist sicher: Nicht ‚schlechtes Erbgut', nicht ein unheimlicher Fluch und nicht ein Verschulden der Eltern sind verantwortlich dafür, dass es geistig behinderte Kinder gibt, sondern fast immer unvorhersehbare Schädigungen vor, während und nach der Geburt. Kein Elternpaar ist vor einem derartigen Schicksal gesichert. Oft habe ich große Angst um meinen kleinen Sohn. Wie soll er leben in einer Welt der Härte, der Eigensucht und der Rücksichtslosigkeit?

Muss sein warmes, liebevolles Wesen nicht eines Tages daran zerbrechen? Doch dann erlebe ich, wie sich mein Junge unendlich zärtlich zu einem kleinen Kind herunterbeugt und ihm zulächelt. Wie er einer fremden Frau die Tasche abnimmt. Und ich sehe, wie er staunend Verwunderung und Freundlichkeit erntet. Vielleicht – so tröste ich mich dann – vielleicht wird sein Wesen nicht ohne Echo bleiben. Wäre es möglich, dass es die Aufgabe unserer behinderten Kinder ist, zu zeigen, welche Kräfte der Liebe in ihnen leben?"

Die Beispiele zeigen einen Weg, den wir Professionelle gemeinsam mit den Eltern gehen können. Sie weisen auf eine Grundhaltung hin, die Pestalozzi in folgende Worte fasst: „Liebe und Geduld soll der Erzieher haben."

Die drei Mütter haben sich „durchgekämpft". Sie wagten ihr Kind so anzunehmen, wie es ist: *„Nehmt die Möglichkeiten wahr, die da sind, und sucht keine anderen. Versucht, der echten Notwendigkeiten bewusst zu werden, unter welchen die Lebensaufgabe und das Lebensglück Eures Kindes steht, und fügt Euch ihnen. Und lasst Euch vor allem nicht irre machen in Eurer Liebe zu Eurem Kind. Je mehr Ihr dies wagt, je mehr Ihr aus jeder Begegnung lernt, je mehr Ihr reifere Menschen werdet in solcher Erfahrung, um so mehr werdet Ihr dazu erfahren, dass das Leben Eures Kindes ein schönes und glückliches sein kann, und dass auch Euch selber kein Unglück widerfahren ist, sondern ein Geschenk gegeben auch in diesem Eurem Kind."* (Klein 1970, S. 379 ff.)

Offenbar können initiative Menschen (Professionelle, Eltern und Freunde der Menschen mit Behinderung) sowie kommunale Einrichtungen soziale und kulturelle Impulse geben und an der Basis des republikanischen Rechtsstaates einen gesellschaftlichen Bewusstseinswandel mitinitiieren.

Fünfte Station:
Begleitung des Schülers Franz

Urteil eines Schöffengerichts: Franz, 19 Jahre, Schüler „meiner" Einrichtung, wird wegen dreier sachlich zusammentreffender Vergehen des sexuellen Missbrauchs von Kindern, begangen im Zustand der Schuldunfähigkeit, in ein psychiatrisches Krankenhaus als Dauerpatient eingewiesen.

Was war geschehen? Wie hat sich sein Leben entwickelt? Franz ist eines von sechs Kindern des Ehepaares N. Die Familie lebt seit zehn Jahren in einer Obdachlosenwohnung. Franz besuchte keinen Kindergarten. Er wurde vom Besuch der Volksschule zurückgestellt. Nach einmonatiger Förderung in der Grundschule wurde Franz an die Lernbehindertenschule überwiesen und nach einem Jahr an der Ganztagsschule der Lebenshilfe für geistig Behinderte aufgenommen. Im Gutachten des Schularztes heißt es: „Achtjähriger Junge, Größe und Gewicht eines Sechsjährigen. Verlaust. Schmutzig. [...]"

Nach einem Jahr heilpädagogischer Förderung lesen wir: „Franz ist ein freundlicher Junge, doch er kann sich noch nicht richtig in die Gemeinschaft einordnen. Er schreibt fehlerlos, rechnet sicher im Zahlenraum bis zehn." Und: „Der neunjährige Junge leidet unter den schlechten häuslichen Verhältnissen. Die Mutter möchte am liebsten alle Kinder loshaben, sagt dies auch zu Franz."

Als Franz zehn Jahre alt war, wurde den Eltern das Sorgerecht entzogen. Franz kam in ein Heim für Erziehungsschwierige. Drei Überweisungsversuche an die Schule für Lernbehinderte schlugen fehl. Im freiwilligen 10. Schuljahr besuchte er vormittags unsere Einrichtung und nachmittags arbeitete er in der Schreinerwerkstätte des Heimes. In diesem Jahr blieb er mehrere Tage dem Heim fern, nahm Kontakt zu einem Erwachsenen auf, bei dem er auch übernachtete.

Nach Schulabschluss konnte für Franz ein Heim gefunden werden. Dort konnte er mit einer Schreinerlehre beginnen. Er fuhr an den Wochenenden häufig nach Hause. Bald wurde ihm die Heimfahrt verwehrt. Die Probleme nahmen zu. Franz wurde nach Hause entlassen. Als Arbeitsloser trieb er sich in Gaststätten herum.

Einige Monate zuvor beging Franz die Delikte. Er suchte mit einem achtjährigen Mädchen sexuellen Kontakt. Ein Geschlechtsverkehr kam nicht zustande. Franz onanierte bis zum Samenerguss. Die Ermittlungen ergaben, dass er keine Gewalt angewendet hatte. Die Frauenklinik und das Institut für Rechtsmedizin stellten bei dem Mädchen keine Verletzungen fest.

Mit Erreichung der Volljährigkeit wurde Franz wegen angeblicher Geistesschwäche entmündigt. Meiner Bitte um Übernahme der Vormundschaft wurde entsprochen.

Nach psychiatrischem Gutachten leide Franz an Debilität mit einem epileptischen Äquivalent, zeige eine starke sexuelle Triebhaftigkeit. Er sei pädophil veranlagt, könne das Strafbare seines Tuns nicht einsehen, müsse als gefährlich für die Allgemeinheit angesehen werden. Eine Sicherheitsverwahrung sei die einzige Lösung.

Vergeblich suchte ich nach Rehabilitationsheimen. Drei Gerichtsverhandlungen, bei denen ich um eine probeweise Entlassung aus der geschlossenen Psychiatrie bat, blieben erfolglos. Mit Mitarbeitern der Einrichtung, die auch Franz besuchten und unterrichteten, entwickelten wir einen Eingliederungsplan. Ich bat dann die Generalstaatsanwaltschaft, wenigstens den Ausgang meines Mündels kontinuierlich zu erweitern, um so eine soziale Eingliederung zu versuchen. Auch vergeblich. Franz war mit Gewaltverbrechern untergebracht. Die Motivationsgrundlage für eine Perspektive in seinem Lebensraum wurde ihm genommen. Ich war bemüht, das ungelöste Problem auszuhalten, ohne die intensive Arbeit an ihm aufzugeben.

Nach unendlich vielen Anläufen wurde erreicht, dass ich einmal wöchentlich mit Franz ausgehen, seine Geschwister besuchen, kleine Ausflüge machen, in Geschäften bummeln und Kleider kaufen konnte. Später unterstützten die Geschwister, Mitarbeiter und Praktikanten meine Rehabilitationsbemühungen. Für Franz konnte nach und nach die Einbahnstraße überwunden und eine Lebensschiene, auf der er sich unter „Aufsicht" frei bewegen konnte, geschaffen werden. Nach verschiedenen Wegen, Irr- und Umwegen, fanden wir neue Perspektiven. Sie waren – wie die weitere Entwicklung zeigt – doch nicht ganz ohne Erfolg.

Heute lebt Franz in einer Wohngemeinschaft. In diesem geschützten Lebensraum fühlt er sich offenbar recht wohl und geht einer geregelten Arbeit nach. Die Gestaltung seiner Zukunft liegt weitgehend in seinen Händen, und sie liegt auch in den Händen jener Menschen, die ihn begleiten.

Sechste Station:
In Forschungsprojekten für eine gelingende Praxis unterwegs

Während meiner Tätigkeit als Hochschullehrer (1980 – 1997) machte ich in Studien- und Forschungsprojekten schmerzliche Erfahrungen. Ich sah, wie

Mitarbeiter in Klinikabteilungen für schwer- und mehrfachbehinderte Kinder dem medizinischen Behandlungskonzept folgten, die Kinder häufig nur äußerlich pflegten und medikamentös versorgten. Ich erlebte die Ratlosigkeit bei bewusstlos erscheinenden Kindern mit dem apallischen Syndrom. Und ich nahm auch Kinder wahr, die seit Jahren hinter einem verschlossenen Gitterbett wie in einem Käfig ihr Leben verbringen mussten.

Ihr menschliches Antlitz konnte ich nicht gleich spüren und erkennen. Das führte mich zum Gedicht von Rainer Maria Rilke, das mich auch heute noch bewegt:

> ***Der Panther***
> *Sein Blick ist vom Vorübergehen der Stäbe*
> *so müd geworden, dass er nicht mehr hält.*
> *Ihm ist, als ob es tausend Stäbe gäbe*
> *und hinter tausend Stäben keine Welt.*
> *Der weiche Gang geschmeidig starker Schritte,*
> *der sich im allerkleinsten Kreise dreht,*
> *ist wie ein Tanz von Kraft um eine Mitte,*
> *in der betäubt ein großer Wille steht.*
> *Nur manchmal schiebt der Vorhang der Pupille*
> *sich lautlos auf. – Dann geht ein Bild hinein,*
> *geht durch der Glieder angespannte Stille –*
> *und hört im Herzen auf zu sein.*
>
> *Albert Schweitzer*

Das Dichterwort half mir, das Gesicht des anderen Menschen wahrzunehmen. Ich suchte meinen Standpunkt: In der engen leiborientierten Beziehungssituation beim Umarmen, Schaukeln, Summen, Singen und rhythmischen Hin- und Herbewegen entdeckte ich sein Antlitz wieder. Zusammen mit Studierenden, die meine Begegnungs- und Erziehungsversuche aktiv begleiteten, versuchte ich diese Erfahrungen zunächst auch für mich zu ordnen. Später waren wir bemüht, einige Mitarbeiter der Klinik in unser Nachdenken mithineinzunehmen. Wir luden sie ein, mit uns nach Wegen der heilpädagogischen Hilfe zu fahnden.

In dieser Zeit entstanden mehrere Beiträge über das Scheitern in der Beziehungs- und Erziehungssituation als Chance für die Selbstentwicklung des Heilpädagogen, auf die mich Paul Moor mit Nachdruck aufmerksam machte.

Siebte Station:
Dialog der Kulturen pflegen

„Der akademische Austausch über Ländergrenzen hinweg und der Dialog der Kulturen sind abstrakte Begriffe, solange sie nicht durch Menschen Gestalt annehmen, die in andere Länder gehen, um dort zu arbeiten, zu studieren und zu forschen." So heißt es in einem Brief, den der Deutsche Akademische Austauschdienst (DAAD) kurz nach den Terroranschlägen in New York am 11. September 2001 an alle Stipendiatinnen und Stipendiaten geschrieben hatte. Dieser Satz benannte zugleich mein Motiv, warum ich mich nach der Emeritierung (1997) vor allem in meinem Geburtsland Slowakei und in Ungarn bis 2014 engagiert hatte. Mit dem DAAD und der Hochschulrektorenkonferenz hoffe ich auf eine „bessere, friedvollere Zukunft in allen Teilen der Welt".

Ich versuchte, Lehrinhalte zu vermitteln, die es den Studierenden ermöglichten im europäischen Wissenschaftsdialog mitzudenken. In den Kollegien hielt ich mich zurück und drängte mich nicht in den Betrieb hinein. Gefragt war meine Expertise insbesondere bei der Umstrukturierung der Studiengänge. Als Berater trat ich dort in Erscheinung, wo es einen tatsächlichen Bedarf gab. Für eigene Entscheidungen zeigte ich Alternativen auf.

Mit Studierenden im Gespräch

Achte Station:
„Ich möchte fliegen!“

Nahezu das ganze Jahr 2002 wohnte ich in einer Hausgemeinschaft mit erwachsenen Menschen mit schwerer Behinderung in Senec (nahe der Hauptstadt Bratislava), in der neun Menschen (fünf Frauen und vier Männer) lebten. Dort lernte ich Táňa Rozholdová, 51 Jahre, kennen. Táňa teilte ihr Zimmer mit Katharina, das beide nach ihren Wünschen gemütlich eingerichtet hatten. Fünf weitere Menschen kamen täglich in die Wohn- und Arbeitsgemeinschaft.

Der klar strukturierte Tageslauf begann um 7:30 Uhr mit dem gemeinsamen Frühstück. Jeder hatte, je nach Talent und Fähigkeit, seine Aufgaben, die er ausführte und für die er sich verantwortlich fühlte: im eigenen Zimmer, in der Küche, im Speise-, Arbeits- und Therapieraum, im Gästehaus, im Hof und Garten. Gelegentlich wurden auch Aufträge außerhalb des geschützten Lebensraumes ausgeführt.

Táňa hatte bald nach ihrem Einzug in das Haus ein Bild gemalt: Zuerst den Schmetterling recht groß, und darunter, etwas seitlich, unter dem großen Flügel, sich selbst, recht klein und allein. Zu ihrem Bild sprach sie: „Chcela by som lieta“ – Ich möchte fliegen.

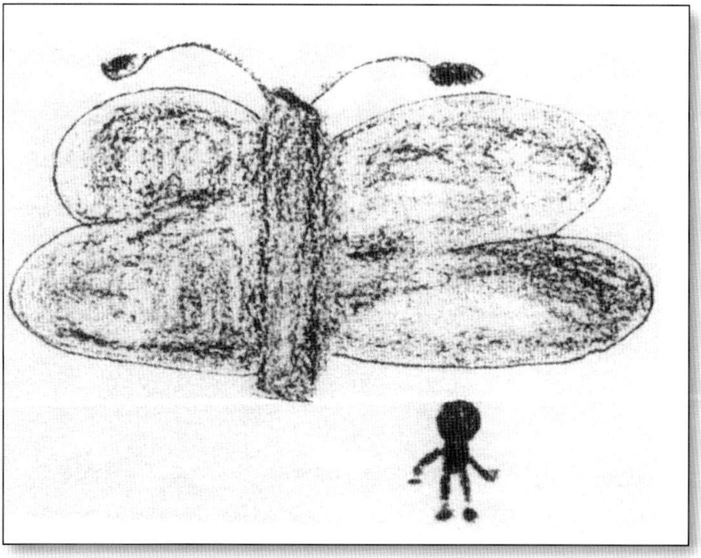

Táňa: „Ich möchte fliegen“

In der Kunst zeigt sich die Seele des Menschen. Was hat wohl Táňa auf ihrem bisherigen Lebensweg alles erlebt? Wie kann ich ihr achtsam begegnen?

Die dargestellten biografisch orientierten Reflexionen werden nun im folgenden Kapitel für die erfahrungsorientierte Handlungswissenschaft Pädagogik ergänzt und vertieft.

1.6 Aspekte einer sinnerfüllten Praxiswissenschaft

Nachdenken über das Grundanliegen der vertieften Pädagogik

Wir kennen sonderpädagogische Abhandlungen, in denen nichts vom Menschenbild des Schreibenden, von seinem Interesse am anderen Menschen zu spüren ist. Ihre Texte bewegen sich, fern der Lebenswirklichkeit, in abstrakten Kategorien. Dem darf die Heilpädagogik als dialogisch orientierte Handlungswissenschaft nicht folgen, denn sie hat das gegebene und aufgegebene Kind in seinem Lebens- und Erfahrungsraum im Blick.

Ihre dialogische Erkenntnishaltung steht im Gegensatz zur heute diskutierten evidenzbasierten Sonderpädagogik, die auf der Forderung nach messbaren Ergebnissen beruht. Das ist aber reduktiv, weil extern vorgegebene messbare Daten das Nachdenken und Handeln bestimmen. Allein das Erreichen der (Leistungs-)Normen darf kein ausreichendes Ziel sein, weil dadurch die handelnde Erzieherpersönlichkeit ihren ureigenen Willen und ihre ureigene Fähigkeit, nämlich ganzheitlich zu denken, aufs Spiel setzt. Sie lässt sich von äußerlichen Normen leiten und kann ihre Authentizität verlieren.

Und außerdem widerspricht dieser technische Ansatz dem Urbedürfnis des Menschen nach „transzendentaler Verankerung des Lebens", bei dem das „Gesetz des Herzens" (Speck 2014, S. 222), das mitfühlende Für- und Miteinander, die Sorge um und die Freude mit dem anderen Menschen ausgeblendet werden. Diesen menschheitsgeschichtlichen Befund bestätigen neueste entwicklungsneurologische Forschungen. Nach ihnen ist das Herz kein bloß funktionierendes Organ, das vom Gehirn gesteuert wird. Seine Funktionen beziehen sich besonders auf das Mitgefühl. Das Mitfühlen mit dem anderen Menschen steht im wechselseitigen Austausch mit den Emotionszentren des Gehirns dergestalt, dass das Herz auf das Gehirn einwirken kann.

Das Herz ist ein Geschenk an den Verstand. Daraus gewinnen wir die Erkenntnis, dass der Mensch nicht allein vom Gehirn bestimmt wird, sondern in mitmenschlicher Bezogenheit auch von seinem Herzen, das seit eh und je als der Sitz der Liebe gilt.

Möge doch die rein kognitiv begründete Wissenschaft die Worte des Dichters Antoine de Saint-Exupéry in „Der kleinen Prinz“ beachten: „Man sieht nur mit dem Herzen gut. Das Wesentliche ist für die Augen unsichtbar.“ (Saint-Exupéry 2001, S. 72)

Von der Lebenswirklichkeit ausgehen

Pädagogisches Denken und Handeln hat von der Lebens-, Beziehungs- und Erziehungswirklichkeit auszugehen. Diese Wirklichkeit kann im Forschungsdialog beschrieben, durch neue Gesichtspunkte, durch Begriffe und Kategorien erörtert und verbessert werden. So mag es bei uns Erwachsenen Staunen hervorrufen, wenn in der Früherziehung erkannt wurde, dass Kinder ein Kind mit Behinderung zuerst als Kind sehen. Kinder gehen miteinander unbefangen um, eben wie Kinder miteinander umgehen. Sie integrieren ihre Spiel- und Lernerfahrungen in ihr Welt- und Menschenbild, in ihr Wahrnehmen, Handeln und Erkennen.

Kinder spielen und handeln mal mit-, mal für- und mal gegeneinander und lernen das andere Kind, das wir als „behindert“ etikettieren und damit schon diskriminieren können, als gleichberechtigten und gleichwertigen Partner kennen und achten. Für sie wird der andere als Subjekt in der intersubjektiven Situation bedeutsam. Das Wort „behindert“ kennen sie zunächst nicht; es entstammt der Sprache der Erwachsenen und ist mit negativen Vorstellungen verbunden, die ihnen dann auch vermittelt werden.

Hier lehren uns Kinder durch ihr Beispiel im Grunde die Ethik des forschenden Dialogs, die auch Befunde aus vorchristlichen Kulturen nahelegen. Auf der Basis gut dokumentierter Forschung können wir sagen: Die Solidarität mit hilfsbedürftigen Mitgliedern der Gruppe besaß gerade wegen der oft schwierigen Lebensbedingungen einen hohen Stellenwert. Die noch immer weit verbreitete Klischeevorstellung, dass Schwache, Kranke oder Behinderte unter den rauen Sitten der urgeschichtlichen Menschen keine Überlebenschance gehabt hätten, lässt sich mit diesen Befunden nicht vereinbaren. (Klein 2015, S. 77 ff.)

Nehmen wir doch das positive Erleben des Kindes und des Menschen der Frühzeit wahr und bringen es in die Praxisforschung ein! Wird aber dieser Befund weiter ignoriert, dann degeneriert die Pädagogik zu einer Wissenschaft ohne Sinnbezug und zur ethischen Gleichgültigkeit.

Für Menschen da sein und ihnen dienen

Was bewegt den pädagogisch tätigen Menschen? Er möchte für den einzelnen Menschen mit und ohne Behinderung da sein und ihm durch ein reflexives und situationsgerechtes Handeln dienen, ihm ein Wohlbefinden und sinnerfülltes Leben im Mit- und Füreinander ermöglichen. Das zeigen die beiden Beispiele.

Dorothea Schmidt-Thimme, Mutter einer Tochter mit Behinderung und Mitbegründerin der bundesdeutschen Lebenshilfe, lehrt die Professionellen durch ihre Haltung, wie eine reflexive und situationsgerechte Erziehung sein kann:

- Alfred: Stark geistig und körperlich beeinträchtigte erwachsene Menschen und ihre Begleiter sitzen im Gesprächskreis zusammen. Da kommt Alfred herein – aber es ist kein Stuhl mehr frei. Wir beraten, und es kommen verschiedene Vorschläge: „Soll wieder gehen!", „Soll stehen bleiben". Allgemeine Zustimmung ist nicht zu erreichen. Da steht plötzlich Olaf auf – selten haben wir bisher ein Wort von ihm gehört –, geht zur Tür hinaus und kommt mit einem Stuhl in der Hand zurück. Nun kann Alfred sich hinsetzen. Alle klatschen zufrieden über diese Lösung.

- Birgit: Sie muss bei geringsten Gelegenheiten weinen und leidet selbst unter diesem Zwang. Vor allem fällt es ihr schwer, den einmal in Gang gesetzten Tränenfluss zu stoppen. „Zu Hause", so berichtet sie im Gesprächskreis, „da nehme ich die Katze auf den Schoß und streichle sie, da wird es dann besser." Schlagfertig ruft Hermann ihr zu: „Du musst die Katze mitbringen." Alle lachen über diesen Vorschlag, und wir sprechen ausführlich über die Möglichkeit, diesen Vorschlag zu realisieren. (Klein/Schmidt-Thimme 1991, S. 82)

Das Sinnkriterium der Erziehung achten

Das Sinnkriterium der Erziehung gab Frau Schmidt-Thimme – ganz intuitiv und wie selbstverständlich – eine grundlegende Orientierung: sich in dem Augenblick überflüssig machen, in dem der Mensch wieder sich selbst Gegenstände der Kultur und Natur aneignet, „nicht irgendwann später, sondern immer dann, wenn sich zeigt, dass der Lernende selbstständig weiterlernen kann, das ist das entscheidende Sinnkriterium der Erziehung." (Loch 1979, S. 21) Diese Entwicklungs- und Lernhilfe oder „Wachstumshilfe" (Montessori) im sozialen Mit- und Füreinander kennt kein verkürztes leistungsbezogenes Handeln der Erzieherin und unterscheidet sich prinzipiell von Methoden der Dressur oder Indoktrination. Es spürt den verborgenen Sinn auf.

Den verborgenen Sinn aufspüren

Als Pädagoge und Pädagogin stehen wir in der Erziehungs-, Bildungs- oder Betreuungssituation zunächst scheinbar oft mit leeren Händen da. Diese Situation finden wir eigentlich in jeder zu gestaltenden Beziehung: von der Pflege des neugeborenen Kindes bis zur Sterbebegleitung alter Menschen. Wir finden sie aber auch, wenn Alin, ein schwer traumatisiertes Flüchtlingskind, durch helfende Hände wieder ein Zuhause finden und versuchen kann, sein Leben neu zu gestalten. Was macht hier der helfende Mensch? Er nimmt die gegebene Situation wahr und spürt den verborgenen Sinn auf. Sein Handeln wird nicht von den angetroffenen Bedingungen bestimmt, sondern von Entscheidungen, die er trifft.

Aus „Ehrfurcht vor dem Leben“ handeln

Meiner pädagogischen Praxis liegt ein Menschenbild zugrunde, das wir in Albert Schweitzers Grundprinzip der „Ehrfurcht vor dem Leben“ finden. Sein deontologisches Prinzip gründet in der aus dem dienenden Leben heraus gewonnenen Erkenntnis: „Ich bin Leben, das leben will, inmitten von Leben, das leben will.“ Dieser grundlegende Satz seiner Kulturphilosophie gewinnt angesichts zahlreicher Kriege mit unvorstellbarer Brutalität, der Bedrohung durch die Klimaveränderungen sowie einer „Globalisierung der Gleichgültigkeit“ zunehmend an Bedeutung. Es wird auch kaum möglich sein, den Teufelskreis der Instrumentalisierung durch neue nationalistische Egoismen, einseitig fehlinterpretierte Religionen und geistig verengende Ideologien zu durchbrechen – ohne das von Schweitzer formulierte Ideal der „Ehrfurcht vor dem Leben“ zu achten.

Dieses Prinzip ist aus dem Leben gewonnen und beansprucht daher, ein denknotwendiges, absolutes Prinzip zu sein, dessen Gegenstand das Leben überhaupt ist. Das Leben überhaupt ist gleichbedeutend mit dem Lebenswillen und lässt sich in zwei Handlungsaspekte gliedern:

- Gut und wahr ist: Leben zu erhalten, zu unterstützen, zu begleiten, und sich entwickelndes Leben auf den ihm möglichen Stand zu bringen;
- böse und unwahr ist: Leben zu vernichten, zu beschädigen, zu stören, und sich entwickelndes Leben zu behindern.

Gut und wahr ist das Sichhingeben an den Lebenswillen des anderen, des Lebendigen in der Natur überhaupt: „Indem das entwickelbare Leben um uns durch unser schlichtes Dienen auf seinen höchsten Wert gebracht wird, wächst das Reich des Guten [...]" (Schweitzer, zit. n. Klein 1997, S. 138)

Gehen wir von dem ethisch begründeten Evolutionsgedanken aus, dass der Mensch ein Mitgeschöpf des in der Welt wirkenden Geistes ist, dann dient er dem Reich des Geistes. Dieser Dienst verlangt Weisheit und Verantwortlichkeit. Eine pädagogische Fachkraft, die sich vertieft hingibt an den eigenen Willen zum Leben, wird diese Weisheit und Verantwortlichkeit als Freiheit erfahren und fähig sein, sich dem anderen Leben hinzugeben – ohne Lohn zu erwarten. Hier dringt sie in die Ursprünge und Geheimnisse der Welt und des Lebens, des Seins und des Lebenswillens vor: „Unsere wahre Welterkenntnis besteht darin, uns von dem Geheimnis des Seins und des Lebens ganz erfüllen zu lassen." (Schweitzer, zit. n. Klein 1997, S. 139) Albert Schweitzers Ethik gibt eine Grundorientierung für das vertiefte Handeln, das in Viktor E. Frankls Logotherapie konkret wird.

1.7 Pädagogisches Handeln beachtet die logotherapeutische Praxis

Erfahrungen in Extremsituationen erprobt

Der Neurologe und Psychiater Viktor E. Frankl (1905 – 1997) erforschte den Willen zum Sinn in der Form seiner Frustration. Er leitete etwa 14 Jahre in der Wiener Psychiatrischen Klinik die Selbstmörderinnenabteilung. Hier konnte er den Ursachen der Depression und des Selbstmordes nachgehen und den Patientinnen ein lebensrettendes Angebot machen. Und in den Konzentrationslagern Theresienstadt und Dachau hat Frankl – von Hunger, Flecktyphus und Zwangsarbeit schwer gezeichnet und mit kaum mehr 40 Kilogramm Gewicht – seine Existenzanalyse und Logotherapie an sich selbst erprobt: Die Orientierung auf Sinn hin ermöglichte ihm ein Überleben.

Dank der menschlichen Urphänomene der Selbsttranszendenz und Selbstdistanzierung konnte er kranken und psychisch gestörten Menschen helfen, indem er sich über die Situation der unvorstellbaren Grausamkeiten stellte und sich von ihr distanzierte. Für sein Lebenswerk, das bis heute weltweite Anerkennung findet, erhielt Frankl 29 Ehrendoktorate. Seine Hauptwerke wurden in 28 Sprachen übersetzt.

Menschliche Grundkräfte der Selbsttranszendenz und Selbstdistanzierung

Frankl hatte seine Lehre in existenziellen Extremsituationen erfahren und erprobt. Seine Erfahrungserkenntnis: Der Mensch ist ein Wesen, dessen zentrales und aus der Tiefe seiner Person kommendes Charakteristikum das Suchen nach Sinn ist. Die menschlichen Grundkräfte der

- Selbsttranszendenz der Existenz auf den Logos (zum Beispiel erlittene Traumata im Akt der Annahme und Verzeihung ins Geistige transzendieren) und
- der Selbstdistanzierung (zum Beispiel durch geistiges Hinauswachsen über die eigene Emotionalität und Hineinwachsen in Aufgaben, die schöpferisch zu erfüllen sind)

ermöglichen jedem Menschen, eine sinnvolle Antwort auf seine Lebenssituation zu finden: Sinn ist keine abstrakte Kategorie, sondern eine konkrete und praktische Möglichkeit des Menschen, sich nach der Sinnperspektive zu orientieren.

Geistige Freiheit, ein menschliches Existenzial

Die beiden Grundkräfte – Selbsttranszendenz und Selbstdistanzierung – ermöglichten Frankl den Weg in ein Reich geistiger Freiheit und inneren Reichtums – und damit das Überleben. „Die Trotzmacht des Geistes" sprach ein eindeutiges Ja zum Leben: Man kann dem „Menschen im Konzentrationslager alles nehmen, nur nicht: die letzte menschliche Freiheit, sich zu den gegebenen Verhältnissen so oder so einzustellen." „Die geistige Freiheit des Menschen, die man ihm bis zum letzten Atemzug nicht nehmen kann, lässt auch noch bis zum letzten Atemzug Gelegenheit finden, sein Leben sinnvoll zu gestalten." (Frankl 1977, S. 109)

Diese erfahrene und erprobte Erkenntnis ist ein von Kultur und Gesellschaft unabhängiges menschliches Urphänomen. An Tausenden von Beispielen, die uns aus allen Kontinenten bekannt sind, konnte in vielen Studien nachgewiesen werden, dass Sinnfindung jedem Menschen offensteht, unabhängig vom Intelligenzquotienten, unabhängig vom Bildungsgrad, unabhängig auch von seiner Geschlechtszugehörigkeit und von seinem Alter.

Von der „Sinnleere" zur „Sinnlehre"

Frankl hinterfragt die Einstellung des Menschen zu seinem Schicksal. Er fragt nach dem Sinn. Und es bleibt ihm in der Extremsituation äußerster Entmenschlichung der Glaube an den Sinn des Lebens. Der Mensch ist fähig, sich innerlich von einem Geschehen zu distanzieren, sich einem anderen Erleben zuzuwenden und auch an dem Negativen noch das kleinste Positive herauszufiltern, eben trotzdem Ja zum Leben sagen zu können: Seine Logotherapie antwortet auf die existenzbedrohende „Sinnleere" mit einer „Sinnlehre". Diese Sinnlehre ermöglicht den Aufbau des „Inneren Halts", den Paul Moor als Ziel der Erziehung durch den Halt gebenden Pädagogen/die haltgebende Pädagogin sieht.

Gerade Professionellen wird häufig die Erfüllung des Willens zum Sinn versagt. Sie können dann von einer existenziellen Frustration, einem inneren Ausbrennen bedroht sein, ein negatives Lebensgefühl entwickeln und in ein „existenzielles Vakuum" fallen. Eine Folge dieser inneren Leere kann sein, dass sie nur das tun, was auch die anderen tun. Sie gleichen ihre Einstellungen und Gedanken der (vor-)herrschenden Meinung an und werden Konformisten. Oder sie tun das, was die anderen von ihnen erwarten: Sie fügen sich der totalitären Machtausübung und werden ihre Untertanen.

Sie haben aber die Möglichkeit, ihren inneren Halt, ihre geistige Mitte zu finden: die Mitte menschlichen Seins. Sie tragen ein unbewusst Geistiges in sich, mit dem sie die in jeder Situation verborgene Sinnmöglichkeit mit dem „Gewissen als ein[em] Sinn-Organ" (Frankl 1987, S. 76) aufspüren können. Frankls Sinnlehre bestätigen auch entwicklungsorientierte Erkenntnistheorien. Nach ihrer Anschauung repräsentiert der Geist des Menschen wie der Geist der Menschheit etwas von dem Geist, der vom Anfang an in der Welt wirkt.

Sich dem Aufgegebenen zuwenden

Frankls logotherapeutische Praxis ist durchdrungen von Herzensgüte, Humor und Heiterkeit. Sie baut auf dem Leitsatz auf, dass auf Grenzerfahrung sinnvoll geantwortet werden kann.

> *Sinn verwirklicht sich in der Nächstenliebe, im Tätigsein für andere Menschen, und erfüllt das Herz mit Freude und Frohsinn.*

Frankl zeigte auf empirischem Weg die unbewusste Religiosität des Menschen in „Der unbewusste Gott" (1988) auf. Der Mensch glaubt an einen Sinn, ob er will oder nicht. Und er hat diesen Sinn zu beantworten, indem er das Leben durch sein Tun verantwortet. Der heute bei vielen Menschen und Professionen frustrierte Wille zum Sinn birgt in sich die Chance des Wandels: Indem sich der Mensch einer Aufgabe verantwortlich hingibt, transzendiert er sich auf die Sinnfrage hin.

Sich auf ein fröhliches Leben und Arbeiten einlassen

Der Sinnglaube des Menschen, die transzendentale Kategorie im Sinne Kants, liegt im menschlichen Sein begründet, das „immer schon ein Sein auf den Sinn hin ist, mag es ihn auch noch so wenig kennen: Es ist das so etwas wie ein Vorwissen um den Sinn." (Frankl 1988, S. 73 f.) Auch der Theologe Paul Tillich spricht davon, dass religiös sein heißt, „leidenschaftlich die Frage nach dem Sinn unserer Existenz zu stellen". Und der Philosoph Ludwig Wittgenstein definiert: „An Gott glauben heißt sehen, dass das Leben einen Sinn hat." (zit. n. Frankl 1988, S. 75)

Die intentionalen Phänomene, wie Freude (Frohsein) oder Hoffen, stellen sich nur ein, wenn ein angemessener Inhalt aufleuchtet. Auf Befehl können wir nicht hoffen, nicht lachen und fröhlich sein. Die am Menschen orientierte Forschung konnte zeigen, dass beim Lachen das Ich und der Leib auseinandertreiben und gleichzeitig doch eins bleiben: Wir sagen „Wir platzen vor Lachen"; hier explodiert gleichsam der Leib – und dem Ich werden die

Zügel aus der Hand genommen: „Wir lachen uns tot." Lachen antwortet auf eine Situation, in der es der Vernunft die Sprache verschlägt. Im Lachen begegnet uns eine nicht mehr „hintergehbare Intersubjektivität unserer Existenz". (Meyer-Drawe 1999, S. 34) Lachen ist ansteckend, auch wenn wir den Anlass nicht kennen. Und im Lachen können wir uns ohne Worte verständigen, was aber nicht heißt, dass es sich hier um eine außersprachliche Erscheinung handelt.

Lachen ist eine ursprüngliche Weise des Ausdrückens und der Beziehungsgestaltung. Das lehren uns Kinder und erinnert an Karl Rahners Betrachtung über das Lachen: Es liegt „in jedem Lachen, auch dem harmlosen und friedlichen unseres Alltags, ein Geheimnis der Ewigkeit, tief verborgen, aber wirklich, darum kündet das Lachen des Alltags an [...], dass ein Mensch einverstanden ist mit der Wirklichkeit." (zit. n. Metz 2003, S. 57) Eine Erzieherin, die sich auf dieses fröhliche Leben und Arbeiten einlässt, wo immer sie es findet, nähert sich der Weisheit des Menschengeschlechts. Gerade kleine Kinder sind auf diesem Weg! Davon ist auch Albert Schweitzer überzeugt. Geboten ist eine abschließende Bemerkung.

1.8 Epilog: Wie Pädagogik den Nihilisten antworten kann

Der gegenwärtige Angriff der Nihilisten in aller Welt auf ein Denken und Handeln, das sich gegen die unantastbare Würde des Menschen richtet, ist bei jenen Menschen die letzte Alternative, die keinen ethischen Kompass (mehr) haben und am Ende als gescheiterte Existenzen sich an der Menschheit rächen. Die Nihilisten sind von der Nichtigkeit alles Bestehenden überzeugt und lehnen positive Zielsetzungen, Ideale und Werte ab. Ihr Verhalten erzeugt bei vielen Menschen Ängste, die zum Vertrauensverlust, zu Misstrauen, Distanz, Abgrenzung und Rückzug führen können.

Gerade jetzt brauchen wir Empathie, Vertrauen und Lebensfreude. Was können wir tun, um diese Kräfte zu erhalten oder wieder zu gewinnen? Darauf antworte ich mit Albert Schweitzer und dem Dalai Lama.

Albert Schweitzer ging es um eine universelle ethische Haltung, die aus einer tief verwurzelten Lebens- und Weltbejahung erwächst. Der weltweit bekannte Theologe, Arzt, Philosoph, Musiker, Organist, Orgelbauer und Erbauer des afrikanischen Krankenhauses Lambaréné, das er vor über 100 Jahren gegründet hatte, wirkt noch heute im Geist seiner Humanität. Er hatte „Ehrfurcht vor dem Leben" mit seinen Mitmenschen gelebt, ebenso mit seinen Tieren und der ihn umgebenden Natur. Als Vorbild fühlte er sich auch für die alltägliche einfache Arbeit nicht zu schade. Schweitzer zeigte allen politischen Widerständen zum Trotz, dass ein guter Geist stärker ist als die Macht der Verhältnisse.

Schon in jungen Jahren sah Schweitzer seine Aufgabe darin, für andere Menschen Gutes zu tun. Allein die Besinnung auf das ihm selbst widerfahrene Glück führte ihn zu der Einsicht, dass jeder das Gute, das er empfängt, an andere Menschen weitergeben müsse. Mehr noch: Schweitzer staunte und erkannte, dass die Hingabe für den anderen Menschen ein größeres Glück bedeutet, als sich unablässig um das eigene Wohl zu kümmern.

Aus dieser gelebten Mitmenschlichkeit entwickelte sich seine Lebensaufgabe: sein Dienst an anderen Menschen. Er war für kranke, behinderte, vernachlässigte und arme Menschen da. In einer Atmosphäre des Vertrauens und des innerlich freien Denkens regelte und löste er die vielfältigen alltäglichen Probleme in Lambaréné. In diesem selbst gewählten Lebensraum führte er mit Sachverstand und Beharrlichkeit den stillen Kampf gegen Nihilismus, Gleichgültigkeit, Herzenskälte und Herrschsucht.

Für Albert Schweitzer werden die Menschen der Zukunft jene sein, die ihre Herzen in den Gedanken sprechen lassen. Seine Ethik wurde unter schwierigsten Lebens- und Arbeitsbedingungen aus der Kraft des Herzens geboren und hat auf alle Widerstände mit der „Trotzmacht des Geistes" (Frankl) bis heute erfolgreich geantwortet, eben weil ein guter Geist stärker ist als die Macht der Verhältnisse. Schweitzers Handlungsethik ermutigt und überwindet lähmende Angst, unter deren Einfluss der Mensch letztlich nur hassen und verachten kann.

Schweitzers Humanismus ist aktuell. Das zeigt die Tatsache, dass der Friedensnobelpreisträger, der Dalai Lama, das geistliche Oberhaupt der Tibeter, eine an Albert Schweitzer orientierte Ethik lebt. Sein kleines Buch, ein „Spiegel"-Bestseller, „Ethik ist wichtiger als Religion" (Alt 2015; 1. Auflage Juni, 8. Auflage Dezember) erschien „in allen Weltsprachen gleichzeitig". (Alt 2015, S. 7) Darin erläutert er mit einfachen Worten seinen Grundgedanken einer umgreifenden Liebe, die über alle Religionen, Nationen und Ideologien steht: Liebe entspringt der urmenschlichen Spiritualität und steht jenseits aller Religionen, die gelernt und in deren Namen auch heute noch „heilige Kriege" geführt werden. Der Dalai Lama kennt keine Feinde, sondern nur Menschen, denen er mit einem zuversichtlichen Lächeln begegnet. Er lebt im tiefsten Grund das urchristliche Gebot der Achtung des anderen Menschen und sprengt nationale, religiöse und kulturelle Grenzen.

Sein Denken und Handeln wurzelt in den Worten „wir Menschen".

Wir haben die Chance des Wandels hin zum Einfachen und Sinnerfüllten, wenn das gütige Herz des Dalai Lama die reflexive Besinnung des pädagogischen Tuns mitbestimmt. Als ihn ein Kind fragte, was Liebe sei, antwortete er sinngemäß: Liebe ist frei von Bedingungen und kennt keine Vorurteile. In jedem Menschen schlummert so etwas wie ein Samen der Liebe. Diesen Samen, der in unserem Herzen wohnt, kann man zum Wachsen und später zum Blühen bringen. Da der Dalai Lama jeden Menschen von diesem Gesichtspunkt aus betrachtet, empfindet er, dass der Mensch, dem er begegnet, genauso ist wie er selbst.

Der Dalai Lama ist von inneren Werten wie Achtsamkeit und Mitgefühl überzeugt, die allen Menschen angeboren sind und im Grunde für alle verbindlich sein sollten. Er schlägt eine Revolution des Mitgefühls vor: Wenn wir selbst froh und glücklich sein wollen, sollten wir Mitgefühl üben, und wenn wir wollen, dass andere, auch die „Feinde", froh und glücklich sind, sollten wir „Mitgefühl üben". (Alt 2015, S. 8) Nach seiner festen Überzeugung ist

Empathie die Grundlage des grenzenüberschreitenden (ge-)rechten und friedlichen Zusammenlebens der Menschen.

Auf diese Weisheit des menschlichen Herzens weisen auch jüngste Forschungen der sozialen Neurowissenschaft hin: Je offener der Mensch für seine eigenen Emotionen ist und je besser er diese selbst wahrnehmen kann, desto besser kann er auch die Gefühle anderer wahrnehmen, verstehen und deuten. Ein Mangel an Mitfühlen hingegen führt zu inneren Blockierungen und Aggressionen, zu Unzufriedenheit, Leistungsschwäche und gar zu Störungen der seelischen Gesundheit. Deshalb sind sogar für ein erfolgreiches System der freien Marktwirtschaft neben dem Streben nach Leistung und Erfolg die menschlichen Potenziale der Empathie in gleicher Weise bedeutsam. (Singer/Ricard 2015)

Kapitel 2:
Was wir von Janusz Korczak lernen können

Janusz Korczak (1878 –1942) (© Itzchak Belfer)

„Wann wird jener glückliche Augenblick kommen, da das Leben der Erwachsenen und das der Kinder gleichwertig nebeneinanderstehen werden?“

Janusz Korczak

2.1 Sein Lebenswerk weckt Neugier

Das Recht auf Achtung
Deutsch-polnische Ausstellung
„Janusz Korczak – Kindern eine Stimme geben“,
Universität Leipzig, Erziehungswissenschaftliche Fakultät, 2007
Layout und Inhalt: Cornelia Müller

Mein Nachdenken über pädagogische Fragen schöpft vor allem aus dem Lebenswerk Janusz Korczaks. Korczak hatte seinen eigenen Weg gewählt, der für ihn weder der kürzeste noch der bequemste war. Es war, wie er sagte „trotzdem der beste Weg". Beim Lesen seiner Texte entdecke ich immer wieder etwas Neues. Aus seiner Liebe zu Kindern und mit Liebe erfüllten Arbeit, aus seiner fröhlichen Pädagogik der Achtung bekomme ich immer wieder neue Impulse.

Korczaks Lebenswerk bewegt Herz, Kopf und Hand. Die zukunftsgewandte (Rück-)Besinnung in verschiedenen Praxis- und Forschungsfeldern führte mich zur Einsicht: Die wissenschaftliche Pädagogik hatte früher einen anschaulichen Begriff für die Praxis. Diese hohe Sprachkultur hat die akademische Lehre weitgehend verloren. Heute schlägt sie sich mit abstrakten Begriffen aus verschiedenen Disziplinen herum, die die Einheit von Denken, Handeln und Forschen vermissen lassen und dadurch der Erzieherin keine hinreichende Orientierung geben. Wo findet sie Orientierung für das subjektive Handeln in intersubjektiven Situationen?

Auf diese Frage antwortete ich mit der Rückbesinnung auf die Ursprünge der Heilpädagogik mit biografischen Betrachtungen. In der Rückschau auf Ursprünge sah Pestalozzi einen „erhabenen Fortschritt". Dieser „Blick nach vorn zurück" darf aber nicht „blind" sein, sondern hat die „sehende Liebe" zu pflegen: Die sehende Liebe öffnet, ist schöpferisch, nimmt das Kind und seine Umwelt so wahr, wie sie nun einmal sind. Und sie ist bemüht, das Gegebene, also das, was wahrgenommen wird, unter den Bedingungen der Gegenwart zum Guten und Rechten zu wandeln – ohne Illusionen.

Diese Liebe sieht in Janusz Korczaks „Lachen des Kindes" ihren Anker:

> *„Was uns [...] innigst mit dem Leben verbindet,*
> *ist ein Kinderlachen, strahlend und klar."*
>
> *(Korczak-Bulletin 2015, S. 2)*

Korczaks Liebe ermöglicht allen Problemen und Widersprüchlichkeiten mit der „Trotzmacht des Geistes" (Frankl) zu begegnen und eine professionelle Empathie zu entwickeln, die dem Kind und seiner Entwicklung mit der Kraft des Herzens, mit der „unaussprechlichen Weisheit des Herzens" (Speck 2014, S. 30) dient. Diese liebend-achtsame Haltung ist im Religiösen und Geistigen (Spirituellen) verankert und weist auf ein ganzheitliches Menschenbild hin, das wir in den Ursprüngen der wissenschaftlichen Heilpädagogik bei Heinrich Hanselmann und Paul Moor finden, ebenso bei Albert Schweitzer oder dem Dalai Lama.

Beispiel: Kinder fragen neugierig

Das im Juli 2012 gestaltete Wochenseminar für 25 Grundschulkinder „Aus der Geschichte lernen" in meiner slowakischen Heimatgemeinde Schwedler (jetzt Švedlár), aus der ich mit zehn Jahren 1944 vertrieben wurde, versteht sich auch als Deutschkurs für Anfänger. Im Rahmen des Seminars fand eine Veranstaltung beim Literaturkränzchen in der Nachbargemeinde Einsiedel (jetzt Mníšek nad Hnilcom) statt, an der neben den Kindern auch Frauen dieses deutschen Gesprächskreises teilnahmen. Sie bekamen schon einige Wochen vor der Veranstaltung den ausgearbeiteten Vortrag „Zur Erinnerung an den 70. Todestag des polnischen Arztes, Pädagogen und Schriftstellers Janusz Korczak".

Im Anschluss an die in einfacher Sprache vorgetragenen Gedanken zur Erinnerung an Janusz Korczak führte ich ein Gespräch mit den Kindern, an dem auch die Frauen teilnahmen. Und im zweiten Teil sprach ich im Beisein der Kinder mit den Frauen über den ausgearbeiteten Vortrag. In freier Rede sagte ich:

„Liebe Kinder, liebe Erwachsene!

Es ist mir eine besondere Ehre, heute hier in der Begegnungsstätte Einsiedel des Karpatendeutschen Vereins in der Slowakei über einen Menschen sprechen zu können, der im Nachbarland Polen lebte, für Kinder arbeitete und mit ihnen starb. Ich spreche zuallererst zu euch, liebe Kinder. Euch will ich die Lebensgeschichte eines besonderen Menschen erzählen. Er heißt Janusz Korczak. Heute sagen viele, Korczak war der größte Erzieher des vergangenen Jahrhunderts. Das, was ich erzähle, soll das enthalten, was ich den Erwachsenen schon vor einigen Wochen gab, nämlich den großen Vortrag.

Ich werde langsam sprechen. Wir haben genug Zeit. Wenn du etwas nicht verstehst, dann frage sofort. Meine Frau Hanka wird alles gleich ins Slowakische übersetzen. Am Schluss kannst du, ebenso können auch die Erwachsenen, weitere Fragen stellen. Gerade das wollte ja Korczak. Er wollte nämlich, dass die Menschen immer wieder Fragen stellen. Wer Fragen stellt, ist ein gescheiter Mensch. Er will noch mehr wissen. So kommen wir ins Gespräch. ‚Fragen stellen und auf Fragen antworten, das ist sehr wichtig', sagte Korczak einmal. Kinder stellen Fragen und Erwachsene stellen Fragen – und miteinander suchen wir dann unsere Antworten. Ist das nicht schön?

Ich spreche also über Korczak. Er war ein guter Arzt und Lehrer und hat viele Bücher geschrieben, vor allem gute Kinderbücher, die auch heute noch Kinder und Erwachsene gerne lesen. Ich spreche über Korczak aus einem besonderen Anlass: Vor 70 Jahren, am 5. August 1942, mussten er, und mit ihm seine zweihundert Kinder und seine Mitarbeiterin Stefania, liebevoll Frau Stefa genannt, die Hauptstadt Polens, Warschau, verlassen.

Diese Kinder, Korczak, Frau Stefa und noch andere Mitarbeiter lebten in einem Heim, sie arbeiteten, lernten und spielten miteinander. Es waren fröhliche Kinder, einige waren sehr arm, andere waren nicht immer brav, manchmal haben sie auch gestritten. Sie waren so, wie Kinder halt sind. Sie ärgerten auch mal Korczak, und er ärgerte auch die Kinder. Korczak war immer wieder einmal zu einem Scherz aufgelegt. Er machte Spaß mit den Kindern. Gerne spielte er mit ihnen. Das „Haus der Kinder", wie er das Heim auch nannte, war eine gute Gemeinschaft, in der es eine Ordnung gab, an die sich die Kinder und Erwachsenen halten mussten. Es gab keine Ausnahme. An die Ordnung und Regeln, die auch die Kinder mitaufgestellt haben, mussten sich also alle halten. Das war für die Kinder nicht leicht und ebenso auch nicht für die Erwachsenen.

Korczak hatte für die Kinder und Erwachsenen ein Kindergericht, auch Kameradschaftsgericht genannt, geschaffen. Kinder haben Kinder in das Gericht gewählt. Sie waren dann Richter, mussten über das, was ein anderes Kind getan hatte, ein gerechtes Urteil sprechen. Das war gar nicht so leicht. Aber sie konnten sich an Paragrafen orientieren. So lautete zum Beispiel ein Paragraf: „Wenn ein Kind etwa Böses getan hat, dann ist es am besten, ihm zu verzeihen und zu warten, bis es sich bessert." Das Gericht hatte auch die Aufgabe, die Stillen und Braven und Schwachen zu beschützen, damit die Starken und Frechen ihnen nicht das Leben schwer machen. Auch die faulen Kinder mussten sich an die Ordnung im Heim halten. Sie bekamen Aufgaben zugeteilt, die in der Hausordnung genau vorgeschrieben waren. Welche könnten es gewesen sein? Was denkst du?

Korczak wollte, dass es für jedes Kind gut und gerecht zugeht. Er wollte, wie die Erwachsenen sagen, eine demokratische Ordnung mit gleichen Rechten und Pflichten für jeden Menschen.

Einmal hat Korczak aus Übermut sogar den Kopf eines Kindes in einen Eimer mit Wasser getaucht. Das war nicht in Ordnung. Das Kind hat ihn gleich angezeigt. Er musste vor das Gericht der Kinder. Das Gericht hat ihn ermahnt. Das darf er nicht noch einmal machen. Es hat ihm verziehen.

So hat Korczak von den Kindern gelernt, dass er das nicht tun darf. Er hat von den Kindern noch viel mehr gelernt, zum Beispiel: Kinder wollen gerne spielen, Geschichten und Märchen hören und diese dann auch spielen. So konnte ein Kind mal ein König, ein anderes eine Prinzessin oder ein Wolf oder gar ein Teu-

fel sein. Korczak hat die Kinder genau beobachtet und von ihnen gelernt, dass sie eigentlich alles allein machen und probieren wollen. Und wenn sie etwas nicht gleich geschafft haben, dann wollen sie es noch einmal allein versuchen, sie wollen es so lange probieren, bis es endlich geklappt hat. Über den Erfolg hat sich Korczak mit dem einzelnen Kind und mit den Kindern der Gruppe gefreut. Und er hat sich sogar um ein Kind, das um ein verlorenes Steinchen weinte, gekümmert. Er war mit ihm traurig und hat seine Tränen geachtet. So hat er den Kindern gezeigt, dass er sie gern hat, dass er sie liebt.

Aber am 5. August 1942 ging das gute und manchmal auch schwere Zusammenleben im Heim zu Ende. Frau Stefa hat den Kindern die schönsten Kleider zum Anziehen gegeben. Sie stellten sich auf der Straße auf. Neben ihnen standen deutsche Soldaten und bewachten sie. Sie gingen durch die Straßen von Warschau zum Bahnhof und wurden in Waggons eines Zuges eingeladen. Der Zug ging nach Treblinka in das Konzentrationslager. Dort mussten Korczak, seine 200 Kinder und Frau Stefa sterben.

Warum erzähle ich euch das? Korczak setzt dem Töten unschuldiger Menschen seine Liebe und Fürsorge entgegen. Er kann nicht böse sein. Er schreibt jeden Tag in sein Buch, was ihm am Herzen liegt. Ganz am Schluss seines Tagebuches schreibt er: ‚Ich wünsche keinem Menschen etwas Böses. Ich kann das nicht. Ich weiß nicht, wie ich einem anderen Menschen etwas Schlimmes und Schlechtes machen kann.'

Als ihn Freunde retten wollten, nur ihn allein und nicht die Kinder, sagte er: ‚Wie könnt ihr nur so etwas denken, jetzt die Kinder allein zu lassen.' Er bleibt seinem Grundsatz treu, den er schon als junger Mensch gefasst hatte. Er will für die Kinder da sein, er will ihnen helfen, er will sich um alle Menschen kümmern, besonders um arme, schwierige und kranke Kinder. Korczak will, dass es ihnen gut geht, damit sie später fleißige und gesunde, ehrliche und liebe Menschen werden, die dann auch anderen Menschen helfen, die arm oder krank sind und ihre Hilfe brauchen. So liebt Korczak die Kinder und alle Menschen.

Nun spreche ich die Erwachsenen an, und die Kinder können zuhören. Korczak hat durch seine Liebe den Kindern des Waisenhauses Sicherheit geben wollen, dass sie in schweren und schwersten Stunden nicht allein sind. Er wollte ihnen das geben, was Kinder brauchen: Schutz, Geborgenheit und Vertrauen. Den Kindern und uns allen will er sagen: Seid nicht böse, sondern seid gut und gerecht. So könnt ihr die Welt um euch herum zu einer menschlichen Welt gestalten.

Und nun zum Schluss: Janusz Korczak wollte seine Gedanken retten. Daran will ich erinnern. Er hat die Sache des Kindes und damit die Zukunft der Menschen zu seiner Sache gemacht. Wir Erwachsene, und auch die Kinder, können Korczak helfen. Wie? Dadurch, dass wir seine Gedanken achten. Inmitten der Leiden und unerfüllten Sehnsüchte schafft er für seine Kinder durch gemeinsames Singen und Beten, Spielen und Feiern einen Lebensraum der Freude. Er bleibt seinem Grundsatz treu: ‚Aber all das mit Freude.' Eltern und Pädagogen in Kindergärten, Heimen und Schulen können von ihm viel lernen."

Abschließend zitierte ich aus Korczaks Buch „Von Kindern und anderen Vorbildern" für die aufmerksam zuhörenden Erwachsenen eine weitere Frage und eine Antwort für das Gespräch:

> *„Wer kann Erzieher werden?" [...]*
>
> *„Alle Tränen sind salzig, wer das begreift, kann Kinder erziehen,*
>
> *wer das nicht begreift, kann sie nicht erziehen."*
>
> *(Janusz Korczak 1979, 118 f.)*

Der Vortrag und das anschließende lange Gespräch haben die Kinder tief bewegt. Sie fühlten sich angesprochen und stellten kluge Fragen. Sie hielten am nächsten Tag das Erlebte in Bildern fest.

Bild von Tatiana

Korczak und Frau Stefa mit ihren Kindern auf dem Weg nach Treblinka

Tatiana (10 Jahre) sagt zu ihrem Kunstwerk sinngemäß: „Korczak hat die Kinder sehr lieb. Die Kinder sind sehr traurig. Fast alle Kinder weinen. Ein Kind kniet und weint. Auch Frau Stefa weint. Sie gehen Hand in Hand, sie gehen mit Korczak und Frau Stefa. Zwei Kinder tragen ihre Puppen mit. Korczak geht gerade (aufrecht). Er schaut nach vorne. Korczak trägt ein Kind auf dem Arm. Soldaten bewachen die Gruppe."

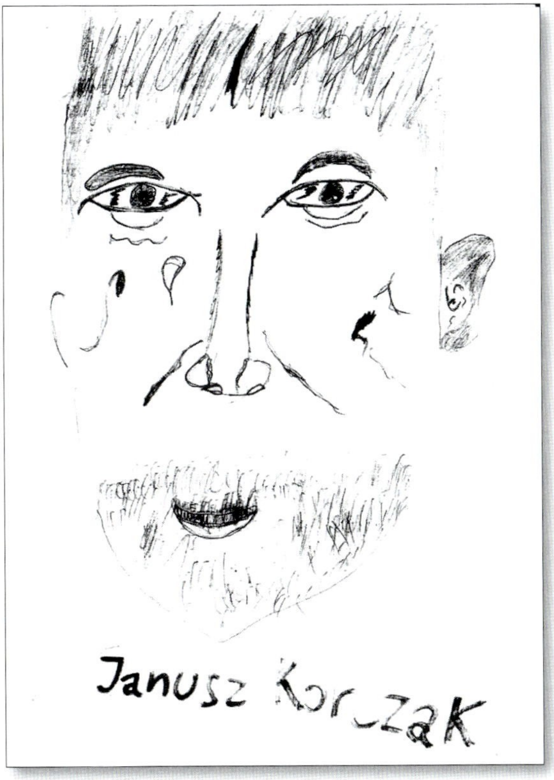

Bild von Natalia

Korczak schaut traurig

Natalia (8 Jahre) sagt zu ihrem Kunstwerk sinngemäß: „Korczak schaut aufmerksam. Er ist traurig. Er hat Tränen in den Augen. Er weint, weil den Kindern Unrecht geschieht. Er sieht alles mit großen Augen, er hört alles mit offenen Ohren."

2.2 Wie Armin Krenz das pädagogische Vermächtnis von Janusz Korczak versteht

Schon vor über zwanzig Jahren führte die Korczak-Pädagogik Prof. h.c. Dr. h.c. Armin Krenz und mich zusammen. Krenz, Wissenschaftsdozent und Kindheitspädagoge (mit Zulassung zur heilkundlich, psychologisch-therapeutischen Tätigkeit) begleitet mit wertschätzender Haltung und fachlicher Kompetenz mein heilpädagogisches Bemühen in Wissenschaft und Praxis, das in der Korczak-Pädagogik verankert ist. Krenz beschreibt im folgenden Beitrag mit der „Logik des Herzens" (Pascal) mit klaren Worten und ausgewählten Zitaten, wie Korczak seine Pädagogik mit Kindern authentisch gestaltet hat und wie er die von mir in zahlreichen Beiträgen vertretene praxisorientierte Pädagogik versteht.

Korczaks (Heil-)Pädagogik setzt sich aus tausenderlei Facetten zusammen. Sein pädagogisches Vermächtnis ist einerseits ein kaum überschaubares Monumentalwerk mit bedeutsamen Grundsätzen, die in ihrer Klarheit so deutlich auf den Punkt kommen, dass dabei – auf den ersten Blick – die inhaltlichen Bedeutungen schnell unerfasst/unerkannt bleiben könnten, die einerseits leicht lesbar sind, weil Korczak in seinen Ausführungen stets eine überaus einfach zu verstehende Sprache nutzt und in so gut wie all seinen Werken auf Fremdwörter verzichtet, andererseits verführen viele seiner Gedanken dazu, innezuhalten, bei bestimmten Aussagen für eine längere Zeit zu verweilen und dabei die Zeit zu vergessen, weil bestimmte Anmerkungen aus seinem tief verwurzelten menschlich-pädagogischen Selbstverständnis die eigene Sichtweise der Dinge zutiefst berühren. Einerseits ist es immer und immer wieder eine große Freude, Korczaks Schriften zu lesen und sich mit seinen Ausführungen zu beschäftigen, andererseits bergen diese auch für wachsame, neugierige und wissenshungrige Leser/-innen SCHARFE KANTEN, weil sie auf ganz unterschiedliche Weise und auch in unterschiedlicher Tiefe/Schärfe provozieren, indem sie überwiegend schonungslos Leser/-innen mit gestochen scharfer Klarheit konfrontieren, durch die es zu einer Selbstauseinandersetzung mit eigenen Wahrheiten, aufgebauten Gedankenstrukturen, lieb gewonnenen Annahmen, verinnerlichten Sichtweisen, bisherigen Wissenszuständen und innerlich etablierten Überzeugungen kommt bzw. kommen kann.

„Sehen, Fragen stellen und auf Fragen antworten – das ist der Inhalt unseres Lebens, das ist der Inhalt unserer neuen Pädagogik." (Korczak, J.: Begegnungen und Erfahrungen, 1973, S. 30)

Gleichzeitig dürfen wir folgenden Satz lesen: *„Die Frage ist nämlich wichtiger als die Antwort; sie ist Führer des Gedankens auf dem Weg zum Ziel." (Korczak, J.: Sämtliche Werke, Band 15, 2005, S. 92)* Natürlich sind wir Pädagogen und Pädagoginnen es durch unsere gesamte Biografie, unsere Schulausbildung, unser Studium und unsere alltägliche Berufsarbeit gewohnt, Fragen zu stellen und nach Antworten zu suchen, wenn es beispielsweise nach durchgeführten Beobachtungen der Kinder (mit vorher festgelegten Fragestellungen) darum geht, entwicklungsförderliche Überlegungen anzustellen und Handlungsschritte aus Antworten abzuleiten, um Kindern bei ihrer Entwicklung hilfreich zur Seite zu stehen. Und nun werden wir durch Korczak auf einen wichtigen Aspekt aufmerksam gemacht, dass nämlich die ‚richtige' Frage von entscheidender Bedeutung ist – und dabei kommen wir unweigerlich nicht drum herum, uns sorgsam zu fragen, ob unsere Frage auch „richtig" gestellt ist, weil jede Frage den gesamten weiteren, zielführenden Antwortweg vorgibt. Ist es beispielsweise eine Frage, die das Kind oder ganz bestimmte Verhaltensweisen des Kindes in den unmittelbaren Fokus rückt o d e r wäre es nicht sinnvoller, die Frage auf unsere Sichtweise der Dinge zu richten, ja vielleicht uns selbst und unsere bisherigen Verhaltensweisen als impulsgebenden Motor für das beispielsweise entwicklungshinderliche Verhalten des Kindes zum Ausgangspunkt der Frage zu erklären? Oder sind es vielleicht die Rahmenbedingungen, die Spannungen in einem Kollegium, die Strukturen des Tagesablaufes oder gar die Grundlagen des bisher festgelegten pädagogischen Ansatzes, die eine genauere Antwort auf die im Vordergrund stehende Frage vermitteln bzw. ergeben könnten?

Korczak schafft es immer wieder, Leser/innen mit seinen Worten zu berühren, und es scheint so, dass er uns beim Lesen seiner Werke an die Hand nimmt, obgleich er uns eher seine Hände entgegenstreckt – ohne drängende Erwartungen und dennoch mit überwiegend ganz konkreten Forderungen, die sich auf ein seelisch-körperlich und geistig unbelastetes Wachstum und im Bedarfsfall den Heilungsprozess von Kindern in ihrer Entwicklungsnot beziehen.

„Kinder wollen lachen, herumtollen, ihren Mutwillen treiben. Erzieher, wenn das Leben für dich ein Friedhof ist, so lass doch wenigstens sie es als eine Wie-

se betrachten. Selbst wenn du Bankrotteur deines zeitlichen Glücks bist – hab doch für sie ein kluges und nachsichtiges Lächeln." (Korczak, J.: Wie man ein Kind lieben soll, 1983, S. 205 f.)

Doch – was wissen wir vom Kind, von diesem Kind, von dem Kind, das vor uns steht oder uns lieber mit dem Rücken anschaut, uns mag oder verabscheut, zu dem wir einen Zugang finden oder zu dem uns der Weg abgeschnitten zu sein scheint?

Die „magischen zwei Zauberworte" der heutigen, aktuellen Inklusions-, Heil- und Elementarpädagogik heißen unzweifelhaft BILDUNG und ERZIEHUNG. Und so dreht sich in den meisten pädagogischen Einrichtungen die Frage der praktischen Pädagogik darum, „Bildung und Erziehung von Anfang an und dauerhaft" zu realisieren sowie „Bildung nach außen sichtbar zu machen". „Bildungsdokumentationen" sind zu führen, „Bildungsbücher" zu erstellen, es gilt, den Kindern/Jugendlichen immer wieder neue „Bildungserfahrungen zu vermitteln" und in ihnen „effiziente Lernkompetenzen" auf- und auszubauen. „Methodenkompetenzen" sind in Kindern zu installieren, aus „bildungsfernen bzw. bildungsgehandicapten Kindern" sollen „Lernforscher" gemacht werden, Einrichtungen werden in „Zukunfts- und Lernwerkstätten" verwandelt, möglichst „bilinguale Sprachkompetenzen" sollen als Förderfundament für „zukünftige Europabürger" berücksichtigt werden, und „elementare Bildungspotenziale bei Kindern gilt es so früh und so intensiv wie möglich" zu aktivieren. Tatsache ist, dass das gesamte Kinderleben immer stärker einem Leben gleichkommt, das fast ausschließlich einer Aneinanderreihung von „pädagogischen Arrangements" entspricht. Es wird f ü r Kinder gedacht und f ü r sie geplant, f ü r Kinder arrangiert und f ü r Kinder gehandelt, anstatt zu begreifen, dass eine „Pädagogik vom Kinde aus" eine lebendig erlebte Pädagogik m i t dem „Ausgangs- und Mittelpunkt Kind" ist. Korczak zeigt dabei die Folgen einer inhumanen Pädagogik auf, in der das Kinderleben verplant und verpädagogisiert, die Kinderzeiten zerrissen und zerteilt sowie die Kinderwelten programmiert und zunehmend eingeengt werden. Dabei verliert der MENSCH unweigerlich an Wert und gerät in den Hintergrund.

Alles, was mit *„Dressur, Druck und Gewalt"* erreicht wird, ist *„vorübergehend, ungewiss und trügerisch". (Korczak, J.: Wie man ein Kind lieben soll, 1983, S. 56)*

Denn: „Die Entwicklungskurve eines Kindes hat ihre verschiedenen Jahreszeiten, Phasen der intensiven Arbeit und der Ruhe zum Zwecke der inneren Vervollkommnung, der Beendigung eines eilig ausgeführten Vorhabens und der vorbereiteten Ansammlung von Vorräten für den weiteren Aufbau." (Korczak, J.: Begegnungen und Erfahrungen, 1973, S. 70)

Weil: „Das Kind hat ein Recht darauf, dass seine Angelegenheit ernsthaft behandelt und gebührend bedacht wird. Bis jetzt hing alles vom guten Willen und von der guten oder schlechten Laune des Erziehers ab. Das Kind war nicht berechtigt, Einspruch zu erheben. Dieser Despotismus muss ein Ende haben." (Korczak, J.: Wie man ein Kind lieben soll, 1983, S. 304)

Es ist – im Hinblick auf die heutige Pädagogik – nicht nur schwer verständlich, sondern auch in ihrem Widerspruch nicht zu verstehen, dass einerseits die meisten Kindheitspädagogen oder -pädagoginnen den Tagesablauf der Kinder bzw. therapeutische Vorhaben bis ins Kleinste strukturieren und durchplanen und andererseits in ihren Konzeptionen sowie in der Vorstellung ihres Arbeitsverständnisses betonen, wie wichtig ihnen eine „Partizipationspädagogik" ist. Korczak hat es gezeigt. Doch das würde in vielen Einrichtungen eine „Revolution" und in den Köpfen vieler Erwachsener ein Chaos auslösen, schaut man sich die vielfach dargestellte und mit Beispielen vorgestellte PRAXIS an, wie Korczak s e i n e Pädagogik m i t Kindern authentisch gestaltet hat, bei der Kinder durchaus als gleichberechtigte MENSCHEN betrachtet, wahr- und ernst genommen wurden. Korczaks Pädagogik entstand m i t den Kindern/durch die Kinder, er hat sich selber dabei als ständig Lernender begriffen. [...]

Korczak mahnt immer wieder an, das KIND als Ausgangspunkt und zugleich als Mittelpunkt in einer erlebten Beziehung zu sehen, zu beachten, seine aktuellen Bedürfnisse zu begreifen, mit ihm zu leben und zu fühlen, die Welt aus dem Blickwinkel des Kindes zu begreifen und damit eine Pädagogik vom Kinde aus zu gestalten. Dieser Forderung werden sicherlich die meisten Kindheitspädagogen und -pädagoginnen zustimmen; gleichwohl zeigen viele Beobachtungen und Praxiserfahrungen ein anderes Bild!

„Durch das Kind sammle ich Erfahrungen, es hat Einfluss auf meine Anschauungen und auf die Welt meiner Gefühle; vom Kind bekomme ich Anweisungen an mich selbst [...]. Das Kind lehrt und erzieht. Für den Erzieher ist das Kind das Buch der Natur; indem er es liest, reift er. Man darf das Kind nicht geringschätzen. Es weiß mehr über sich als ich über das Kind. Es befasst sich mit sich selber in allen Stunden des Wachsens. Ich kann es nur erraten. Deshalb ist es ein Irrtum, wenn ich versuche, seinen Nutzen und seine Mängel einzuschätzen." (Korczak, J.: Das Kind neben dir, 1990, S. 29 f.)

Korczak dreht damit das allseits vorhandene, seit Menschengedenken vorhandene Verständnis von Pädagogik um und stellt es auf den Kopf, mitten ins Herz der Pädagogik. Die Frage bleibt, inwieweit Kindheitspädagogen und -pädagoginnen die Bereitschaft aufbringen, sich diesem Umkehrschluss zu stellen.

Denn: *„Am leichtesten stirbt es sich für eine Idee. [...] Am schwersten lebt es sich für eine Idee, Tag für Tag, Jahr für Jahr." (Korczak, J., Sämtliche Werke. Band 15, 2005, S. 17)*

Korczak plädiert für eine gelebte PRAXIS – abgeleitet aus einer (selbst-)kritischen Betrachtung der Handlungsabsichten und der daraus entstandenen/entstehenden Handlungsumsetzung, verbunden mit einer vollkommen basalen Herangehensweise.

„Das Ganze fügt sich aus Kleinigkeiten zusammen. Über die zerschlagene Scheibe und das zerrissene Handtuch, den schmerzenden Zahn, den erfrorenen Finger und das Gerstenkorn im Auge – den verbummelten Schlüssel und das gestohlene Buch; das Brot, die Kartoffeln und fünf Deka Fett – durch tausendfache Tränen, Klagen, Unrecht und Schlägereien – durch das Gewirr von Bösem, Schuld und Fehlern – muss man sich durchkämpfen und sein heiteres Gemüt bewahren, um zu lindern, zu stillen, zu versöhnen und zu verzeihen, um das Lächeln gegenüber dem Leben und den Menschen nicht zu verlieren. [...] Die Autoritäten mögen sich herablassen, über praktische Aufgaben zu reflektieren. [...] Hüten wir uns, solange noch Zeit ist, damit sich nicht nach dem Muster des Westens eine privilegierte und von den praktischen Aufgaben losgelöste Kaste der Autoritäten herausbildet – ihre Wissenschaft um der Wissenschaft willen." (Korczak, J.: Verteidigt die Kinder. 1978, S. 11, 12, 13)

Dabei vermittelt Korczak in seinen vielfältigen Schriften immer wieder die Notwendigkeit, sich stets zu Beginn und auch in der gesamten Ausübung des Berufes selbst als den zu erziehenden Menschen zu begreifen, geleitet durch die Auseinandersetzung mit den eigenen Schwächen, getragen durch ein stets erweitertes Wissen und vor allem spürend, welche Gefühle im Angesicht der Selbstbetrachtung und in der Beziehungspflege mit dem Kind ihren jeweilig vorherrschenden Ein- und Ausdruck finden, denn:

„Wer die Verantwortung für die Kinder auf sich nimmt und selbst keine kritische Einstellung gegen sich selbst hat, gerät in eine Gefahr, auf die ich aufmerksam machen möchte, umso intensiver, als die berufliche Psychohygiene der Allgemeinheit wenig bekannt ist. Bei seinen Bemühungen um das Verständnis des Menschen – des Kindes und der Gesellschaft – in einer Kindergruppe kommt der Erzieher zu wichtigen und wertvollen Erkenntnissen; wenn er nicht wachsam genug ist und die Selbsterziehung bagatellisiert, scheitert er." (Korczak, J.: Das Kind neben dir, 1990, S. 29)

„Dank der Theorie weiß ich, dank der Praxis fühle ich. Die Theorie bereichert den Intellekt, die Praxis färbt das Gefühl, trainiert den Willen." (Korczak, J.: Verteidigt die Kinder, 1978, S. 14)

„Den Weg zur Selbsterziehung und zum Kampf gegen dich selbst findest du, junger Erzieher, nur in dir." (Korczak, J., Von Kindern und anderen Vorbildern, 1979, S. 122)

Korczak beginnt häufig, seine Überlegungen im Hinblick auf eine humane, individualstützende und sozial gestaltete Pädagogik auf eine Ebene zu bringen, die noch vor einer Betrachtung des Kindes bzw. einer gedanklichen Beschäftigung mit dem Kind und seiner pädagogischen Bezugswelt ansetzt. Dabei spricht er nicht selten in Bildern und überlässt es zunächst den pädagogischen Fachkräften, einen Bezug zu sich selbst, dem Arbeitsverständnis und der Ausrichtung auf das Kind herzustellen.

„Man muss auch die Steine kennenlernen und die Berge aus Steinen, sonst droht die Enttäuschung. Es gibt sanfte und heitere Berge, nachsichtige, gute, gesegnete, in traurige Gedanken versunkene – über ernste, gleichgültige, unnahbare – bis hin zu trüben, drohenden, bösen, grausamen, rachsüchtigen. Vielleicht beginnt man bei ihnen. Denn sie sind immerhin einfacher als der Mensch. Denn der Mensch – das ist auch die Erde, der Himmel, die Pflanze und das Tier." (Korczak, J.: Sämtliche Werke. Band 15, 2005, S. 122)

„Klug sind die Vögel, klüger als der Mensch. Aber der Mensch herrscht über alles. Vielleicht ist das deswegen so, weil er am besten töten kann, und nicht, weil er der Beste ist." (Korczak, J.: Wenn ich wieder klein bin, 1973, S. 44)

Bei seinen bildhaften Gedanken lässt Korczak die Kindheitspädagogen und-pädagoginnen aber nicht vollkommen allein. Vielmehr gibt er an anderer Stelle Hinweise, wie (s)ein pädagogisches Verständnis möglicherweise gedeutet werden kann.

*

Mit seinen bisherigen Veröffentlichungen schenkt Prof. Dr. Ferdinand Klein den Leser/-innen ein aktuelles Korczak-Bild. [...]. Korczak hat der Nachwelt einen sehr umfangreichen Fundus an Schriften hinterlassen, und es erscheint (bzw. ist sicherlich) unmöglich, alle Facetten in ihrer tiefen Bedeutung zu erfassen.

„Die Einheit und Zerrissenheit [des Lebens und Werkes von Janusz Korczak] spiegelt eine authentische Einstellung und Haltung zum Kind, zur Zukunft des Kindes, der Menschen wie der Menschheit wider, die nicht belehren, sondern vielmehr aufschließen und freisetzen will (1) für alles das, was von Kindern ausgehen kann. (2)" (1: In: Klein, F.: Janusz Korczak. Sein Leben für Kinder – sein Beitrag für die Heilpädagogik. 1996. S. 128; 2: In: Flitner, A.: Reform der Erziehung, München/ Zürich 1992, S. 53)

Gleichwohl schafft es Ferdinand Klein, diese unverwechselbare, einzigartige Reformpädagogik, die ihren Ursprung in einem tief verwurzelten, religiösen

Humanismus hat, in ihren wesentlichen Facetten zu einem Ganzen zusammenzusetzen, was in anderen Darstellungen über Korczaks Pädagogik nur schwer zu entdecken ist. Und dieser Versuch ist sicherlich nicht einfach, denn Korczak war nicht nur Arzt und Erzieher beim Warschauer Fürsorgeverein, Impulsgeber für eine republikanische Selbstverwaltung der Kinder, Leiter von zwei Kinderheimen, Dozent für Sozialpädagogik an der Universität in Warschau sowie am Institut für Spezielle Pädagogik, Gründer sowie Mitarbeiter bei der ersten polnischen Kinderzeitschrift „Kleine Rundschau", Berater beim Jugendgericht, Sprecher bei den wöchentlichen Radiosendungen im polnischen Rundfunk, sondern auch Märchenerzähler, Kinderbuchautor und eben Fachautor vielfältigster Publikationen. Korczak verstand sich als der, der er war.

Sein Wirken war seine Politik, seine Aufgabe, sein Herzensbedürfnis, getragen von der unerschütterlichen Liebe und bedingungslosen Hinwendung zum Menschen, gleich welche Lebenserfahrungen den Menschen zu dem gemacht haben, der er wurde, getragen von seinem tiefen Glauben, dass nur ein empathisches Verstehen eine entwicklungsförderliche Pädagogik möglich macht und dem Kind die Freiheit schenkt, sich zu entfalten. In erster Linie ging/geht es Korczak um ein Begleiten des Kindes und eine Unterstützung seiner Entwicklung und nur dort, wo es nötig war, um eine Korrektur auf der Grundlage einer bedingungslosen Liebe. Bildung und Lernen geschah stets in einem wertschätzenden Dialog, indem er Kinder und Jugendliche mit und ohne Handicap bei der Festlegung der Ziele sowie bei der Lösung alltäglicher Probleme eingebunden hat. Korczak – und das zeigt Klein in seiner Korczak-Rezeption – lebt(e) eine Philosophie, die Pascal Mercier einmal so beschrieb: „Das Wissen ist das Zweitschönste. Das Schönste ist die Poesie. Wenn es das poetische Denken gäbe und die denkende Poesie – das wäre das Paradies."

Ergänzend dazu könnte auch der englische Psychiater Ronald D. Laing angeführt werden:

„Die Liebe enthüllt Tatsachen, die ohne sie im Dunkeln bleiben. Ein herzloser Intellekt kann nichts anderes tun, als die Hölle seiner eigenen höllischen Konstruktionen mit seinen eigenen höllischen Instrumenten, Mitteln, Methoden zu untersuchen und in der Sprache der Hölle seine eigenen höllischen Schlüsse, Befunde, Hypothesen darstellen. Die Heilung kommt aus der Medizin und die Kunst der Medizin entspringt der Barmherzigkeit. Geheilt zu werden ist also kein Akt des Glaubens, sondern ein Akt des Mitgefühls. Das wahre Fundament der Medizin ist die Liebe." (Laing: Die Tatsachen des Lebens. 1990, S. 98 f.)

Auf der Jahrestagung der Deutschen Korczak-Gesellschaft, die 1993 in Günzburg stattfand, hat sich Leonhard Jost dem Thema Gewalt unter dem Aspekt „der Gewalt begegnen" zugewandt und dabei leitete er aus dem umfassenden Lebenswerk Korczaks drei Erkenntnisse, die besonders für eine friedensorientierte Erziehungspraxis bedeutsam und damit ausschlaggebend sind, ab. *Erstens: Gewalt entsteht durch eine nicht hinreichende Beachtung des Menschen, der mit anderen Menschen in einem Beziehungsverhältnis steht. Zweitens: Gewalt entsteht durch die Geringschätzung des „Hier und Heute". Drittens: Gewalt entsteht durch Vernachlässigung des in der Vergangenheit bereits Gewordenen und des in der Zukunft noch Werdenden.* (vgl. Klein, Ferdinand: Janusz Korczak. Sein Leben für Kinder – sein Beitrag für die Heilpädagogik. Bad Heilbrunn, Klinkhardt 1997, S. 81)

Klein macht durch Korczaks Pädagogik deutlich, dass allein durch die Fähigkeit, Empathie in sich zu spüren und weiterzugeben, Gewalt in seinen unendlich vielen Ausdrucksformen abgebaut und überflüssig wird. Korczak erzählt uns, wie es geht – durch das Erleben von Teilhabe im Alltag, aktive Teilnahme am Leben des anderen, empfundene Sympathie/Liebe für das (innere) Kind in uns und vor uns sowie andauernde Versuche, sich selbst und das Kind zu verstehen. Es wird nur gelingen, wenn wir *„der trügerischen Sehnsucht nach vollkommenen Kindern (entsagen)". (Korczak, J.: Das Recht des Kindes auf Achtung, 1970, S. 37)*

Korczaks engagiertes Eintreten für einen vollkommen neuen Blick auf das Kind und die damit verbundene Konfrontation der Kindheitspädagogen und -pädagoginnen mit sich selbst ist eine starke, irritierende, wunderbare und zugleich dringend notwendige Provokation in Zeiten einer weiterhin funktionsorientierten, vertherapeutisierten und auf vielen Ebenen noch nicht wirklich gelungenen inklusiven Pädagogik. Ferdinand Klein schenkt uns mit seinen bisherigen Veröffentlichungen die Möglichkeit, Korczaks Gedanken fortzusetzen.

2.3 Was mir Korczaks facettenreiche Pädagogik sagt

2.3.1 Friedenspreis wurde erstmals einem Toten verliehen

Janusz Korczak erhielt 30 Jahre nach seinem Tod im Jahre 1972 in der Frankfurter Paulskirche den Friedenspreis des Deutschen Buchhandels. Damit wurde das erste Mal ein Toter geehrt. Das dürfte es eigentlich nicht geben, einen Preis einem Menschen zu verleihen, der ihn nicht mehr empfangen kann. Doch die Begründung des Börsenvereins war überzeugend: „Weil wir mit den Kräften, die wir allenfalls haben, einen Mann des Friedens der halben Vergessenheit entreißen wollen, weil wir wünschen, dass sein Denken und Schreiben denen bewusst wird, die das schwere Geschäft des Erziehens auf sich nehmen; er soll diskutiert werden, bejaht, bestritten, er soll im Großen wirken, wie er, bewusst sich beschränkend, viele Jahre im Kleinen gewirkt hat." (Börsenverein 1972, S. 10) In seiner Laudatio hob Hartmut von Hentig hervor, dass Korczaks Pädagogik seine Politik war: *„Gerade ihre scheinbare politische Abstinenz, ihre Konzentration auf die unmittelbare Umwelt der Kinder habe ihm erlaubt, diese durch und durch politisch zu machen. Nur so kann Pädagogik, können Kinder auch ‚revolutionär' sein. Wer Kindern ein- und vorredet, dass und wie sie unsere Welt verändern sollen, hat sie zu Funktionären seiner eigenen, meist ohnmächtigen Absichten degradiert."* (Hentig 1972, S. 31) Korczak stellte sich eine Revolutionierung der Kinderwelt vor, denn Kinder sind Sachkenner in Angelegenheiten der Kinder. Das ist nicht nur aus moralischer Empfindsamkeit zu achten, sondern das ist selbst ein Stück Heilung der Welt.

2.3.2 Zur Biografie Korczaks und zu den Kinderrechten

Schon als junger Mensch interessierte sich Korczak für Kinder der Elendsviertel in Warschau. Er betreute sie in den Semesterferien in den sogenannten Sommerkolonien. Seine Erlebnisse (Enttäuschungen und Freuden, Misserfolge und Erfolge) verarbeitete er in Büchern und Aufsätzen. Mit dreißig Jahren fasste der junge Arzt den Entschluss „den Kampf für das Wohl des benachteiligten Kindes zu seiner Lebensaufgabe zu machen." (Beiner 2013, S. 25) 1912 wurde er Direktor des Warschauer Waisenhauses „Dom Sierot", das er zu einer demokratischen Erziehergemeinschaft aufbaute. Er schrieb Bücher, hielt Vorlesungen über Erziehung, arbeitete als Gutachter für Jugendgerichte, sprach regelmäßig im polnischen Rundfunk und setzte sich für die Rechte der Kinder ein. Bald wurde er in ganz Polen bekannt.

Bereits 1919 formulierte er seine Charta der Kinderrechte:

„Ich fordere die Magna Charta Libertatis (die Grosse Charta der Freiheiten) als ein Grundgesetz für das Kind. Vielleicht gibt es noch andere – aber diese drei Grundrechte habe ich herausgefunden:"

1. *„Das Recht des Kindes auf seinen Tod"* = dem Kind die Ausformung seines Lebens zutrauen.
2. *„Das Recht des Kindes auf seinen heutigen Tag"* = die Gegenwart des Kindes achten, die nicht einer ungewissen Zukunft geopfert werden darf.

3. *„Das Recht des Kindes, so zu sein, wie es ist“* = dem Kind sein Kindsein erlauben und ermöglichen.

Den drei Grundrechten stellt Korczak ein oberstes Prinzip voran: „Das Recht des Kindes auf Achtung. *Es ist das erste und unbestreitbare Recht des Kindes, seine Gedanken auszusprechen und aktiven Anteil an unseren Überlegungen und Urteilen über seine Person zu nehmen. Wenn wir ihm Achtung und Vertrauen entgegenbringen und wenn es selbst Vertrauen hat und sich ausspricht, wozu es das Recht hat, wird es weniger Zweifel und Fehler geben.*“ (Korczak 1978, S. 40 f.)

Das Recht auf Achtung lebte er bis zuletzt: Als die Nazis Polen besetzten, wurde in Warschau ein Ghetto errichtet, in das auch Korczak, seine MitarbeiterInnen und 200 jüdische Waisenkinder einziehen mussten. Am 5. August 1942 wurden alle nach Treblinka abtransportiert und dort ermordet. Vorher wurden ihm mehrere Angebote zu seiner Rettung gemacht. Er schlug sie aus, denn er wollte die Kinder nicht allein lassen. (Näheres in Klein 1997, S. 41 ff.)

Das polnische Parlament erklärte sein 70. Todesjahr 2012 zum Korczak-Jahr: Korczaks Kinderrechte können wichtige Impulse für ErzieherInnen in allen Bildungseinrichtungen und Familien geben. Zwischen den Kinderrechten Janusz Korczaks und der UN-Kinderrechtskonvention besteht eine enge Verbindung. Das wurde beim internationalen Seminar deutlich, das in der Botschaft der Republik Polen in Genf am 9. Juni 2009 zum Thema *„Der polnisch-jüdische Pionier für Kinderrechte Janusz Korczak und die heutige Kinderrechtskonvention als ein internationales Gesetz“* stattfand. Korczaks Achtung des Kindes stand im Fokus der Vorträge und Diskussionen. Die Teilnehmer zeigten den Wandel der institutionellen Bildungskonzeption auf. In zahllosen Einrichtungen werden Korczaks Grundrechte des Kindes erprobt und zum Wohle des Kindes gewandelt, das als Subjekt in seiner conditio humana bedingungslos zu achten ist. Mit seinem Bild vom Kind eilte Korczak der Zeit weit voraus. (Näheres in Krenz/Klein 2012, S. 24 ff.)

Mit den drei Rechten, die Korczak an vielen Beispielen – in oft dichterischer Sprache – facettenreich erläutert, ist der Erzieherin/dem Erzieher die Verfügungsmacht über das Kind aus der Hand genommen. Korczak erkannte als feinfühlender Kinderarzt, dass schon das neugeborene Kind eine Person ist, die ein Ich oder Selbst hat, über das keiner nach eigenem Gutdünken verfügen darf. Das Recht des Kindes, „so zu sein, wie es ist“, muss der Erwachsene ganz ernst nehmen. Es schließt ein:

- sein Recht auf Unwissenheit, weil darin sein Recht auf Neugier enthalten ist;

- sein Recht, Fehler zu machen, weil jedes erfolglose Tun eine wichtige Lernerfahrung einschließt;
- sein Recht auf moralische Fehler, damit es „frohen Mutes versucht, sich zu bessern" (Korczak 1978, S. 205);
- sein Recht seine Gedanken und Urteile auszusprechen, weil es nur so sein Denken und Urteilen üben kann;
- sein Recht auf ein Geheimnis, denn wir haben kein Recht, es „in Augenblicken schwerer Gewissenskonflikte zu bedrängen" oder das Geheimnis gar zu „erzwingen, weder mit Bitten noch mit List oder Drohungen; alle diese Methoden sind gleichermaßen unwürdig, denn sie bringen dich deinem Erziehungsbefohlenen nicht näher, sondern sie lassen ihn von dir abrücken" (Korczak 1978, S. 200);
- sein Recht, nicht ganz ehrlich zu sein und „Rosinen aus dem Kuchen zu klauben und sie heimlich zu naschen" (Korczak 1978, 205), nicht weil es allgemein lügen darf, sondern weil wir ihm erlauben müssen, eine übliche Regel zu erproben.

Frau Stefa

Korczaks Arbeit wurde von Frau Stefa unterstützt. Sie war acht Jahre jünger als er, studierte in der Schweiz und in Belgien. Sie wurde durch die Montessori-Pädagogik inspiriert und beschloss „ihr Leben mit den Armen und Erniedrigten zu verbinden". (Sachs 1989, S. 151) Ohne ihr Engagement hätte Korczak seine Ideen nicht prüfen und weiterentwickeln können. Wie Korczak in seinem Ghetto-Tagebuch vermerkt, gibt die Tatsache, dass sie „hier ist, auch [ihm] Sicherheit" (ebd.). Alle Kinder kennen ihre warme Hand, die tröstet und Schmerzen lindert. Sie hält den Kindern und Korczak bis in die Gaskammern die Treue. Frau Stefa will, dass sie bis zuletzt gut gekleidet aussehen.

2.3.3 Jeder kann seinen eigenen Korczak finden

Nach vielen Jahren der Begegnung mit Korczak sagte dessen Freund Joseph Arnon: Jeder, der die geheimnisvolle Tiefe dieser Persönlichkeit entdeckt, findet seinen „eigenen Korczak". Wie sieht nun „mein" Korczak aus? Wie nehme ich ihn wahr, und welche Wirkungen kann ich erkennen?

Darauf antworte ich zunächst mit Zeitzeugen, die in Korczaks Kinderheim lebten und den Holocaust überlebten: Kinder, Studierende und Erzieher erfuhren ihr Können und Nichtkönnen durch selbst reflektiertes Lernen, das auch den sozialen und gesellschaftlichen Bedingungszusammenhang miteinschloss. Für sie bestand das sich selbst prüfende Lernen darin, dass sie sich in das Wirken ihres Vorbildes versenkten. Durch Nachdenken und auch Meditieren (nachsinnend verweilendes Betrachten) fanden sie einen Weg, der auch bei einem ausweglos erscheinenden Erziehungsproblem möglich wurde. Irena Reppowa, eine Praktikantin, berichtet: *„Ich erinnere mich, dass der Kern der Methode Korczaks darin liegt, den ganzen Umgang mit den Kindern nach den Prinzipien der Wahrhaftigkeit und Ehrlichkeit des Erziehers zu pflegen – Ehrlichkeit und Aufrichtigkeit ohne jedes Wenn und Aber. [...] Das half mir und ermöglichte mir Erfolge in meiner pädagogischen Arbeit."* (Reppowa 2002, S. 8)

Mein persönlicher Korczak-Weg für das „Proletariat auf kleinen Füßen" (Korczak) beginnt mit der heilpädagogischen Praxis 1963. In immer wieder neuen Anläufen begegne ich seinem Werk. Seine Lebensgeschichte spiegelt unterschiedliche Erfahrungen und Formen der Unterdrückung wider: die Unterdrückung von Kindern durch Erwachsene, diejenige des polnischen Volkes durch die russische Fremdherrschaft und später durch die deutsche Besatzungsmacht. Dies prägte seine Sehnsucht nach einer anderen Welt, nach einer gerechteren Ordnung des Miteinanders von Gleichberechtigten.

Korczak lehrt mich durch sein Beispiel, wie die Individualität des Kindes wahrzunehmen und durch achtsame Haltung zu leiten ist. Damit widerspreche ich jener modernen Pädagogik, die mit ihrer Technologieannahme meint, das Kind nach eigenen Vorstellungen und Wünschen zu formen, zu machen. Der Mensch funktioniert eben nicht wie eine Input-Output-Maschine. Pädagogik ist kein Machen, Pädagogik ist eine Haltung. Das lehren schon die Ursprünge der Pädagogik und Heilpädagogik.

Mit dem großen deutschen Philosophen der Vernunft und des Friedens, dem Aufklärer und Visionär Immanuel Kant, der gerade in Kriegszeiten aktuell ist, kann ich als Korczak-Nachfolger im Hinblick auf die Praxis sagen: Der Arztpädagoge handelte aus tiefer Menschlichkeit nach derjenigen Maxime, die ein allgemeines Gesetz werden soll: Handle so, dass jeder andere Mensch so handeln kann, wie du handelst. (Klein 2015, S. 92) Stets muss sich dieses Prinzip im pädagogischen Handeln, ebenso im Team, in der Einrichtung und in den Institutionen der Verwaltung und Politik so erweisen, dass es Kants Ethik nicht verletzt. Korczak schöpfte also aus dem in seiner Menschennatur tief eingewurzelten Recht auf Freiheit, Gleichheit und Brüderlichkeit – und trotzte der aus Macht über andere Menschen kommenden Willkür.

In gleicher Weise wie Korczak würde ich es nicht für möglich halten, was für Freude ein Kind schenken kann, das, um mit Jean-Jacques Rousseau (1712 – 1778) zu sprechen, durch die „Umwelt noch nicht verdorben ist".

Tobias, ein fröhliches Kind

Wenn ich sein Gesicht und seine Bewegung wahrnehme und auf mich wirken lasse, dann schenkt mir Tobias Freude und Kraft zum Forschen: Sein neugieriges Lernen von Anfang an und sein Interesse, den Dingen auf den Grund zu gehen, kann Beispiel für wissenschaftliches Streben sein. Wir müssen nur achtsam auf das Kind schauen. Das Kind sagt uns, ***wie*** wir Erwachsene sein und wirken sollen, um seine Seele nicht zu verletzen.

Neurobiologischen Forschungen zufolge empfinden Säuglinge schon Urformen der Sympathie und beginnen bereits mit fünf Monaten zwischen „guten" und „bösen" Taten zu unterscheiden: Gut und recht ist, anderen zu helfen – böse und schlecht ist, anderen zu schaden.

Kleine Kinder spüren die Gefühle und Absichten bei anderen Menschen auf und sind fähig, Mitgefühl und Mitleid zu erleben. Sie pflegen mit ihren veranlagten Kräften eine Kultur des Miteinanders, bei der die Unterschiede im Wollen, Wissen und Können von herausragender Bedeutung sind: Die Unterschiede bereichern ihre Kommunikation, weil sie ein angeborenes Grundverständnis für soziale Situationen haben.

Im Umgang miteinander nehmen also Kinder die Unterschiede als gegeben an, entwickeln Neugierde füreinander und wollen einander helfen. Auf diese emotionale Grundfähigkeit baut der Perspektivwechsel auf, der für die inklusive Kita-Lernkultur bedeutsam ist: Kinder aus fremden Ländern und Kinder mit Beeinträchtigung der Wahrnehmung, der Bewegung, des Sprechens, Hörens, Denkens oder Verhaltens werden wie selbstverständlich in der Gruppe erlebt. (Zimpel 2014) Dieses urmenschliche Prinzip der Achtung des anderen hat bereits der religiöse Humanist Albert Schweitzer im afrikanischen Urwald erkannt.

Auf dieses Prinzip der Achtung und Wertschätzung des anderen Menschen weisen die zahlreichen Korczak-Gesellschaften und internationale Tagungen auf der ganzen Welt hin. Unzählige Hochschulen und Bildungseinrichtungen, Kinderheime, Kinderkliniken, künstlerische und dichterische Gestaltungen erinnern mit immer wieder neuen Ideen an Korczaks Leben und Werk. Was fasziniert diese Menschen? Sicherlich nicht ein heroisches Bild von Korczak, das einem gründlichen Auseinandersetzen mit seinem Werk im Wege stünde. Könnte es sein, dass sie Korczak deshalb wertschätzen, weil er das aus ihnen gemacht hat, was sie sind?

2.3.4 Wie und warum orientieren sich Menschen an Janusz Korczak

Seine gelebte Menschlichkeit – ein Vorbild

Am 5. August 1942 gingen Korczak, seine Mitarbeiterin Frau Stefa und 200 Kinder des Waisenhauses in das Vernichtungslager. Die Kinder ahnten das Kommende. Kann er ihnen die Wahrheit zumuten? Er beruhigt sie, er gehe mit ihnen, „es geschehe ihnen nichts Schlimmes. Zum ersten Mal belog er die Kinder, er, der gegen jede Lüge war!" (Baumgarten-Tramer 1965, S. 66)

Die Probe der Menschlichkeit von Janusz Korczak und Frau Stefa bestand darin, dass sie die Kinder in die Gaskammern begleiteten und mit ihnen den Tod teilten. Korczak ist für viele ein Vorbild geworden. Zwei Beispiele:

Ein Kinderbuchautor

Der Schriftsteller Peter Härtling (1933 – 2017), der viele Kinder- und Jugendbücher mit sozialen Themen geschrieben hat, lernte lebenslang von Korczak:

„Denken, Handeln und Gestalt Janusz Korczaks sind mir anspornend gegenwärtig, seit ich vor mehr als dreißig Jahren zum ersten Mal eine Zeile von ihm las und von seiner Arbeit, seinem Leben hörte. Er ist mit Kindern gleichberechtigt umgegangen und hat mit ihnen ihre Todesangst und ihren Tod geteilt. Es gibt eine Treue, die auf selbstverständliche Weise auch Lehre ist – dies von Korczak zu lernen, bin ich noch immer und wohl mein Leben lang dabei."
(zit. n. Klein 1997, S. 19)

Offenbar hat Peter Härtling die geheimnisvolle Tiefe dieser Persönlichkeit entdeckt. Er beschreibt in seiner Dichtkunst seinen „eigenen Korczak", der wie ein Symbol der Menschlichkeit auf ihn wirkt, an das Tamara Karren, ein Kind aus seinem Waisenhaus, erinnert: *„Er geht langsam, leise, etwas gebeugt, als würde eine Last seine Schultern beschweren. Sein Lächeln drang in die Tiefe, und die Erinnerung an ihn war in schwierigen Augenblicken des Lebens oft Hilfe. Korczak setzte allein durch seine Gegenwart die Wahrheit frei. Im Umgang mit ihm wurde jeder er selbst, sich seiner bewusst. Man spürte die Nichtigkeit der Verlogenheit und der Phrasen, der läppischen Äußerlichkeiten. Man sehnte sich geradezu nach der Einfachheit der Gedankenreinheit, die seine sonderbar guten Augen auf die Menschen ausstrahlten." (zit. n. Klein 1997, S. 40)*

Ein Neurologe und Therapeut

Viktor E. Frankl, Begründer der weltbekannten sinnzentrierten Psychotherapie „Logotherapie und Existenzanalyse" bekennt in seinen Lebenserinnerungen:

> *„Während des Zweiten Weltkrieges, noch bevor ich ins Konzentrationslager kam, zur Zeit der Euthanisierung von Geisteskranken, hatte ich einen bewegenden Traum. Aus einem tiefen Mitleiden mit den Geisteskranken heraus träumte ich eines nachts, zur Euthanasie bestimmte Leute stellen sich vor einer Gaskammer an, ich überlege kurz und schließe mich ihnen freiwillig an. Man sieht eine Parallele zur Tat des berühmten polnischen Kinderarztes Janusz Korczak, der freiwillig den ihm anvertrauten Waisenkindern ins Gas folgte. Er hat es getan, ich habe es nur geträumt." (Frankl 2002, S. 14 f.)*

Bedürfnis nach Orientierung

Immer mehr Einrichtungen in der ganzen Welt tragen den Namen Janusz Korczak. Menschen verschiedener Länder finden unter seinem Namen zusammen und studieren seine Pädagogik mithilfe von Büchern die in über 20 Sprachen erschienen sind. Korczaks vitaler Frageimpuls, geschrieben ohne Bibliothek, orientiert an der eigenen Erfahrung und dem Studium der deutschen und französischen medizinischen und pädagogischen Literatur (vor allem auch der Werke des großen Schweizer Menschenfreundes Pestalozzi), lädt zum Nachdenken ein.

Offenbar wächst das Bedürfnis nach Orientierung an Vorbildern in dem Maße, wie das Vertrauen in Institutionen und normative Denkstrukturen, die über Jahrzehnte Stabilität garantierten, brüchig geworden ist. Vor allem junge Menschen und jene, die in medizinisch-therapeutischen und pädagogischen Arbeitsfeldern tätig sind, erfahren durch die Begegnung mit Korczak eine motivierende und inspirierende Perspektive.

Den eigenen Weg suchen

Im Gegensatz zu den exakten Naturwissenschaften hat die Wissenschaft Pädagogik ihr eigenes Selbstverständnis, das sich von anderen Wissenschaften grundlegend unterscheidet. Pädagogik ist seit eh und je eine Beziehungswissenschaft mit und für Menschen. Diese Praxiswissenschaft erkennt: Alte pädagogische Einsichten sind nicht an zeitliche Zusammenhänge gebunden, sondern auf das Erziehen konzentriert.

Darauf müssen uns heute neurobiologische und psychosoziale Forschungen aufmerksam machen: Das Wissen darf dem Kind nicht wie mit dem „Nürnberger Trichter" eingefüllt werden. Diesem technischen Beherrschen widersetzt sich seine Natur. Das Kind will nicht zum Reagierenden und Konsumierenden herabgewürdigt und fremdbestimmt werden. Diese Herrschaftspädagogik wandelt Korczak in eine Pädagogik, die ohne Vorbedingungen allein dem Kind – und damit der Zukunft der Menschheit –, dienen will.

Korczaks Dienstpädagogik sprengt die lebensferne Theorie, an die sich viele um den Preis klammern, ihr eigenes Denken aufzugeben – und „ganz bequem und in aller Ruhe" der Theorie zu folgen. Zu Recht betont deshalb Hartmut von Hentig, dass der Ausbildung des Erziehers das Wahrnehmen des Lebens fehlt, denn sie findet vorwiegend sitzend, hörend und darüber redend statt, obwohl wir wissen, dass die Person des Erziehers ihr bestes

Curriculum ist. Deshalb fordert Korczak mit eindringlichen Worten den eigenen Erkenntnisweg:

„Habe Mut zu dir selbst,
und such deinen eigenen Weg.
Erkenne dich selbst,
bevor du Kinder zu erkennen trachtest."

(Korczak 1978, S. 156)

2.3.5 Mit Janusz Korczak das wirkliche Kind sehen und verstehen

Mit dem Kind in der Begegnung sein

Korczak knüpft an alltägliche Erfahrungen an, die er mit dem Kind macht. Die Erfahrungen werden in die pädagogische Urteilsfindung mit hineingenommen. Damit kehrt er der vorherrschenden Theoriegläubigkeit den Rücken und bringt den lebendigen Menschen, mit dem es nun einmal die Erziehung zu tun hat, ins Spiel. Hart, aber fair zieht er gegen die „verknöcherte Theorie", d. h. das begrifflich (vor-)gefasste Denken, zu Felde, wenn er sagt, dass Anschauungen fremder Menschen sich im eigenen lebendigen Ich brechen müssen.

Korczak sieht die Perspektive des Kindes und die Perspektive des Erziehers. In seiner Schrift „Wenn ich wieder klein bin" (1990) versetzt er sich in die Situation eines kleinen Jungen und sieht die Gedanken der Erwachsenen aus der Sicht der Kinder, und die Gedanken der Kinder sieht er aus der Sicht der Erwachsenen. In dieser dialogischen Begegnung erkennt er die Aufgabe der Erziehung:

„Ein Erzieher, der nicht einpaukt, sondern etwas freilegt, der […] nicht diktiert, sondern anfragt, der erlebt mit dem Kind manchen bewegenden Augenblick; und er wird manchmal mit Tränen in den Augen den Kampf zwischen Engel und Satan miterleben, bis der lichte Engel den Sieg davonträgt."

(Korczak 1973, S. 35 f.)

Die pädagogische Kompetenz: die Perspektive des Kindes verstehen

Die gemeinsam erlebte Situation bietet Korczak die Chance, sich selbst und den anderen Menschen wahrzunehmen, als wäre die Intention des anderen die eigene und umgekehrt. Lernprozesse zwischen Erwachsenen und Kindern verlaufen daher nicht einseitig. Kind und Erwachsener lernen in der Begegnung voneinander. Aber der Erzieher muss das Kind erst „sehen" und seine Perspektive in die Überlegungen hineinnehmen. Diese Hineinnahme der Perspektive des Kindes versteht Korczak als eine pädagogische Kompetenz.

Die konkrete Begegnung mit dem Kind verändert die Erfahrungen so, dass die pädagogische Fachkraft aus der Ich-Befangenheit ausbrechen kann. Sie wird in der Begegnung mit dem Kind konfrontiert und muss auf seine „Lebensfragen" Antworten gebe. Mit „Antworten" sind jedoch nicht nur praktische Lösungswege gemeint. Es geht um Grundfragen des Kindes: Wirst du für mich einstehen? Bist du ein verlässlicher Mensch? Kann ich dir vertrauen?

Welche Botschaften erwachsen aus Korczaks kompetenter Haltung in einer Zeit der Umwertung der Werte und der Forderung an den Einzelnen, die Widersprüche der Lebensverhältnisse auszuhalten? Engagement, Verantwortung, kritische Parteilichkeit und Verlässlichkeit werden in dem Moment keine leeren Worthülsen bleiben, wo die Differenz zwischen dem Kind und dem Erwachsenen bestehen bleibt als die Bedingung der Möglichkeit eines ethischen Verhältnisses. (vgl. Sautter/Stinkes/Trost 2004, S. 7 – 13)

Mit dem Kind zu einer schöpferischen Gemeinsamkeit kommen

Korczaks Werk „Wie man ein Kind lieben soll" beginnt mit ahnungsvollen Fragen und Feststellungen, die uns in die pädagogische Sinnfrage mit hineinnehmen. Gleich einleitend erfahren wir die Bedeutung der schöpferischen Ungewissheit des Nichtwissens:

> *„Ich ahne viele Fragen, die auf eine Antwort warten, Zweifel, die eine Erklärung suchen.*
>
> *Und ich antworte:*
>
> *Ich weiß nicht.*
>
> *Ich weiß nicht und ich kann nicht wissen, wie mir unbekannte Eltern unter unbekannten Bedingungen ein mir unbekanntes Kind erziehen*

können. Ich sage ausdrücklich nicht ,erziehen wollen' und nicht ,erziehen sollten'.

Dies ,Ich-weiß-Nicht' ist in der Wissenschaft der Ur-Nebel, aus dem Gedanken auftauchen. Für einen Verstand der nicht an wissenschaftliches Denken gewöhnt ist, bedeutet ein ,Ich-weiß-Nicht' eine quälende Leere.

Ich will lehren, das wunderbare, von Leben und faszinierenden Überraschungen erfüllte schöpferische „Ich-weiß-Nicht" der modernen Wissenschaft vom Verhältnis zum Kinde zu verstehen und zu lieben."

(Korczak 1978, S. 1)

Diese schöpferische Ungewissheit führt zu Fragen nach dem wirklichen Kind, das durch überkommene Begriffe, Vorurteile und Vorannahmen nicht hinreichend oder gar falsch verstanden wird. Denn seine wirklichen Gedanken und Gefühle werden mit Begriffen festgeschrieben und mit Inhalten gefüllt, die nicht dem wirklichen Kind entsprechen, das nach Korczak im Fühlen viel reicher ist, als der Erwachsene denkt: Am Ort des Nichtwissens haben wir die Möglichkeit, zu einer schöpferischen Gemeinsamkeit mit dem Kind zu kommen und die Fehlurteile über das Kind zu reduzieren.

Korczak zieht also die Möglichkeit des Scheiterns in der Erziehung in Betracht, die er in eine schöpferische Kraft wandelt, was für die theoriegeleitete Pädagogik eine schier unerträgliche Provokation ist. Liegt darin der Grund dafür, dass die moderne Erziehungswissenschaft die radikale, d. h. die an die Wurzeln gehende, pädagogische Denkweise weitgehend noch übersieht?

Und dennoch fasziniert seine Pädagogik zunehmend mehr Menschen, die tagtäglich in der Erziehungspraxis gefordert werden. Ist der Grund für diese mühsame Arbeit an sich selbst darin zu suchen, dass Korczak von der ersten bis zur letzten Zeile – immer wieder um die eigene Identität ringend – er selbst geblieben ist, klar, direkt und mit einer entlarvenden Offenheit geschrieben hat?

Korczak provozierte sich und seine Mitarbeiter zur fortwährenden Überprüfung des eigenen Tuns. Auf die Frage: „Wie macht man das in der Erziehung?", hat Korczak durch sein Leben und Werk eine Antwort gegeben. Hier scheint eine gewaltige Herausforderung auf. Mit Korczak erkennen wir, dass „das Kind lehrt und erzieht" (Korczak 1979, S. 120) und der pädagogischen Fachkraft Selbstbildung ermöglicht. Doch sie bleibt – auch zusammen mit Eltern, Freunden, Ärzten, Psychologen und anderen – fragend unterwegs nach dem ***Wie*** des Achtens und Verstehens. Hier erkennt sie die Wirklichkeit der

Erziehung. Ihr Tun erstarrt nicht in Gewissheiten, und sie hat die schöpferische Chance, in der Ungewissheit des pädagogischen Urteils zu bleiben. Das ermöglicht ihr eine prüfende, abwägende und fragende Selbststrukturierung und das Erkennen der Individualität des Kindes (Näheres in Kapitel 3).

Die Geschichten für Kinder – ein Erziehungsmittel

Für Kinder schrieb Korczak Geschichten zur Selbsterprobung. Die Geschichten – „Wenn ich wieder klein bin“, „Jack handelt für alle“, „König Hänschen der Erste“, „König Hänschen auf der einsamen Insel“, „Der Bankrott des kleinen Jack“ oder „Kaitus, der Zauberer“ – ermöglichen dem einzelnen Kind, seine Vorstellungen zu erweitern und Fantasie zu entwickeln, Alternativen zur Wirklichkeit durchzuspielen, zu gehorchen (nicht weil sie Angst haben, sondern weil sie selbst Ordnung haben wollen), Identifikationen vorzunehmen, sich zu wandeln und seine Hoffnungen zu stärken.

Beispiel Korczak erfindet einen Kinderkönig, also ein Kind, das Macht und Verantwortung hat, aber dennoch Kind bleibt. Das Kind kann seine Unerfahrenheit und Ohnmacht erkennen und die Macht der Großen durchschauen, ihre Grenzen und Schwierigkeiten wahrnehmen. Es kann erkennen, dass Macht und Verantwortung zwei Seiten einer Medaille sind.

Es erfährt, wie sich König Hänschen mit den Unzulänglichkeiten, die in der Welt herrschen, auseinandersetzen muss: mit Ministern, die ihn belügen, oder mit seinem Freund Fritz, der sich bestechen lässt. Aber es erfährt auch, wie es die Welt zum Guten wenden und Schritte auf dem Weg zu einer gerechteren Welt tun kann. Und es erfährt, wie sich König Hänschens Einstellung zum Krieg ändert, welchen Lernprozess er von der Kriegs- zur Friedensbereitschaft durchmacht. Die Geschichten zeigen auch Visionen von einer Welt, in der es keinen Krieg mehr geben muss.

In Korczaks Geschichten für Kinder gibt es keinen machtvollen Sieger wie in vielen Kinderbüchern. Mächtig zu sein befriedigt ja ein augenblickliches Lustbedürfnis. Geschieht dies nicht, dann greift Frustration um sich, die wohl die größte Quelle der Aggression ist.

Wir finden in Korczaks Geschichten nicht Forderungen um jeden Preis, sondern Aufgaben, die ein Kind erfüllen kann. König Hänschen zeigt Aufgaben und risikoreiche Wege zu ihrer Bewältigung, denen jedes Kind sich gewachsen fühlen kann. Freilich ist der gute König am Ende ein trauriger König auf der einsamen Insel. Offenbar ist es in unserer Welt so eingerichtet, dass ein Mensch, der Gutes tut, zunächst einsamer sein wird als andere. Er wird aber von denen geachtet, die für eine gerechtere Welt eintreten. So erklären die Geschichten, warum nicht alles, was der Mensch will, gelingen kann. Sie erklären „auch, warum es Politik geben muss". (Hentig 1972, S. 58)

Korczaks Geschichten sind ein bedeutsames Erziehungsmittel gerade in Kindertageseinrichtungen, die Kinder von Flüchtlingen und Kinder mit Behinderung besuchen. Die Geschichten halten den Zielsetzungen der neuen Kinder- und Jugendliteratur stand: Sie überwinden Fixierungen auf Autoritäten, ermöglichen Kritikfähigkeit, sensibilisieren für eigene und fremde Interessen. Sie tragen zur Entwicklung eines Realitätsbewusstseins bei, das eine illusionistische und pessimistische Weltsicht überwindet.

Korczak hat in seinen Geschichten die Gegensätze nicht in einer Synthese aufgehoben, sie oszillieren und halten in Spannung. Die Geschichten laden zum Mitdenken ein, bei dem keiner den anderen zu vereinnahmen braucht, und jeder kann sich als Teil des Ganzen fühlen: Kinder und Erwachsene, Studierende und Lehrende.

2.4 Die Korczak-Pädagogik steht als Angebot

- Der Mensch, Arzt, Pädagoge und Schriftsteller Janusz Korczak war bemüht, sein Programm aus dem Jahre 1929 zu realisieren: „Von der Selbstverwaltung der Kinder zu den Parlamenten der Welt". (Lewin 1998, S. 142) Er wollte seine Idee retten, weil er die Sache des Kindes und damit die Zukunft des Menschen zu seiner Sache gemacht hatte.
- Für Janusz Korczak sind die Kinder Sachkenner in Angelegenheiten der Kinder. Sie zeigten ihm, ***wie*** sie ihre Welt ordnen und ***wie*** Erwachsene ihnen dabei helfen können. Seine Pädagogik der Achtung bietet den Nihilisten die Stirn und wandelt die Herrschaftspädagogik in eine Pädagogik, die ohne Vorbedingungen allein dem Kind – und damit der Zukunft der Menschheit – dienen will.
- In Korczaks Leben und Werk entdecken wir die Sprache des Herzens. Ungeahnte menschliche Kräfte des liebenden Erkennens werden hier sichtbar. Seine Pädagogik wandelt die alte Herrschaftspädagogik in eine Pädagogik, die ohne Vorbedingungen allein dem Kind – und damit der Zukunft der Menschheit – dienen will. Seine Erziehungskunst steht als Angebot, die jedem Kind die freie Entfaltung seiner veranlagten Kräfte ermöglicht.
- Korczak bemühte sich, über das Einfühlen in die Kinder hinauszugelangen und wie die Kinder zu fühlen. Er war fähig, sich mit hoher Sicherheit in die Gefühlswelt und Sinnzusammenhänge der Kinder zu versenken. Seine einfühlende Praxis geht über das sonst übliche Verstehen hinaus und wendet sich den inneren Entwürfen des Kindes (seinen Bedürfnissen, Motiven, Fantasien, Interessen, Neigungen und Wünschen) und den sachlich begründeten Kausalitäten (den Notwendigkeiten, Ordnungen, Regeln, Pflichten und Aufgaben) achtsam zu. Seine Pädagogik der Achtung erkennt: Kein Kind darf auf feste Ziele hin entworfen und festgelegt werden. Kein Mensch darf es für seine Zwecke „kneten oder ummodeln". (Korczak) Er hat vielmehr das noch verborgene oder verdrängte Gute und Rechte im Kind einfühlend freizulegen und ihm so die Chance der Selbstannahme in der Gegenwart zu geben.
- Für den Psychoanalytiker und -therapeuten Arno Gruen, der die Strukturen der Macht analysiert hat, ist die Frage nach dem Mitgefühl die Frage nach dem Menschsein schlechthin. Er nimmt Korczak als

Menschen wahr, der eine feinfühlige Hellsichtigkeit für den Schmerz entwickelte. Gruen sagt: „Seine Verzweiflung über das, was Menschen einander zufügen, führte bei ihm zu einem äußerst mitfühlenden Herz ohne Selbstmitleid." Korczak haben Misserfolge nicht demoralisiert. Er erkannte, „dass die einzig wahre Kraft aus erlebtem Schmerz emporsteigt. [...] Nur indem ein Kind bei seinem eigenen Schmerz bleiben kann und der Erwachsene es darin begleitet, [...] kann es die Kraft aufbauen, Mensch zu sein. Es sind die Kinder selber, die uns den Weg hin zum Menschlichen zeigen können." (Gruen 2003)

- Die pädagogische Fachkraft kann die Korczak-Pädagogik auf sich wirken und zum Orientierungsmaßstab für ihre Haltung, ihr Fühlen und Wollen, Denken und Handeln werden lassen. Sie kann erkennen, dass sich in ihrer Person das Handlungswissen (Theorie) und die Praxismethoden (Praxis) vereinigen. Und sie kann den Atem und den Herzschlag des Kindes spüren, hören und sehen – und sich durch diese ästhetische (sinnliche) Erfahrung im Dialog mit dem Kind weiterbilden. Ihre Professionalität ist nie abgeschlossen. Jedes Kind gibt ihr neue Rätsel auf. Darin liegt der immer wieder neue Anreiz, sich mit Kindern auf eine nie endende Entdeckungsreise zu begeben.
- Mit Korczak ist die Pädagogik neu zu vermessen, denn das Maß liegt im Menschen und nicht in den Dingen. Gefragt ist besonders die Frühpädagogik, denn sie legt den Grundstein für eine kind- und menschengerechte Erziehung und Bildung.

Kapitel 3:
Praxis der inklusiven Frühpädagogik

Der „Situationsorientierte Ansatz" von Armin Krenz erinnert an die Korczak-Pädagogik, denn er *„gleicht einer Haltung, einer persönlichkeitsbedingten Sichtweise von ‚ganzheitlicher Pädagogik' unter besonderer Berücksichtigung der*

- *Wertschätzung von Kindern,*
- *Achtung der Rechte jedes einzelnen Kindes,*
- *Nichtausgrenzung von aktuellen Situationen,*
- *Bedeutung jedes einzelnen Tages und*
- *Arbeit an eigener Identität und Professionalität."*

Armin Krenz

3.1 Grundlegende Perspektiven zur frühpädagogischen Professionalität

3.1.1 Auf Korczaks Spuren: Mit den Augen des Kindes fühlen und an seine Kompetenz glauben

Schon bald ahnt und erkennt Korczak, dass ein Leben im Modus des Habens nicht seiner Lebensperspektive entspricht. Er entscheidet sich für ein Leben im Modus des Seins, das auf Achtung und Liebe, auf Teilnahme, Freude und schöpferisches Tun gründet. In diesem Seinsmodus kann sich ein haltgebendes Identitätsgefühl entwickeln, nämlich so sein zu können, wie wir durch Geburt, Entwicklung und Erfahrung geworden sind. Diese Identität braucht keine Bestätigung oder Billigung durch andere, „weil das Bild, das sich der Betreffende von sich selber macht, mit seiner authentischen Persönlichkeitsstruktur übereinstimmt". (Fromm 1979, S. 87) Aus dieser Haltung heraus entfaltet Korczak die Achtung des anderen als gelebte Liebe, die Manfred Berger so beschreibt:

„Lieben drückt sich in einem intensiven, mühevollen Hinsehen aus;
Lieben verlangt keine Gegenliebe;
Lieben heisst auch verzeihen können;
Lieben bedeutet Hoffen, immer wieder neue Chancen geben;
Lieben soll man ohne falsche Illusionen;
Lieben heisst, einem physisch wie psychisch nahe sein;
Lieben bedeutet auch die eigene Kindlichkeit zulassen und letztlich:
Lieben heisst frei sein von Vorurteilen, heisst Toleranz üben."

(Berger 1992, S. 5)

Korczaks Liebe ist eine aus dem Herzen heraus bemühte Erkenntnis des Kindes. Hier nehmen wir eine menschliche Urleidenschaft wahr, die nach dem christlich-jüdischen Pädagogen und Begründer des Dialogischen Prinzips, Martin Buber (1878 – 1965), in der „Sphäre des Zwischen […], eine Urkategorie der menschlichen Wirklichkeit" (Buber 1982, S. 165) ihre Wurzeln hat und sich in der Begegnung von Mensch zu Mensch immer wieder neu ereignet.

Für Korczak ist das Kind ein unergründliches Geheimnis, dem sich das Erkennen nur annähern kann: „Und nun stehe ich, obschon reich an erfahrener Einsicht in die Macht der Naturgesetze und in den Genius menschlichen Forschens, vor einer unbekannten Größe: dem Kind." (Korczak 1978, S. 223 f.) Weil ihm das Kind so viele Rätsel aufgibt, bemüht er sich, mit den Augen des Kindes zu fühlen. Geht das überhaupt? Müssen wir uns auf die Ebene des Kindes begeben, uns klein machen? Wie soll das funktionieren? Ist es nicht einfacher und besser, die Kinder zu uns hinaufzuziehen?

Wir wissen aus der Fachliteratur recht genau, dass Erwachsene gerade dem Kind mit Behinderung ihre Sichtweise, ihre Gedanken, ihre Lösungen und ihre Gefühle – teils bewusst, teils unbewusst – aufdrängen (wollen). Sie gehen davon aus, dass es so fühlt wie sie, und versäumen, sich in das wirkliche Kind einzufühlen, es zu fragen, was ihm Kummer bereitet oder was es erfreut. Auf dieses Fehlverhalten antwortet Korczak in seinem Buch „Wenn ich wieder klein bin", dass er sich zu den Gefühlen der Kinder aufschwingen muss, um sie nicht seelisch zu verletzen. Und in „Verteidigt die Kinder!" ergänzt er: „Aber auf dem Gebiet der Gefühle ist das Kind anders. Also gilt es nicht nur zu begreifen, sondern mit ihnen mitzufühlen: sich kindhaft freuen und betrübt sein, lieben und zürnen, beleidigt sein und sich schämen, Furcht haben und Vertrauen." (Korczak 1978, S. 19)

Diese einfühlende Praxis kann anstrengend sein. Gerade heute reflektiert der Professionelle die eigenen Gefühle oft nicht mehr hinreichend, weil er in einer Welt lebt, die auf das äußere Funktionieren ausgerichtet ist, das Gefühl als störenden Faktor empfindet und am liebsten ausblenden möchte.

Nun braucht aber das Kind eine Erzieherin, die sich auf seine Gefühle, Gedanken und Wünsche einlässt und durch ihre empathisch-einladende Haltung als Vorbild wirkt, an dem es sich orientieren kann. Es braucht einen Menschen, der ihm hilft, seinen eigenen Weg zu suchen, zu finden und zu gehen. Bei diesem Dialog, der stets auf einer Differenz gründet, können Kinder auch Lehrer und Erwachsene auch Lernende sein.

Wie kann nun die Erzieherin Einfühlung, Mitgefühl und einfühlendes Verstehen lernen, die Bedingung eines guten Handelns sind? Wohl dadurch, dass sie sich bemüht, das Kind mit dem Herzen wahrzunehmen, und sich Fragen stellt, die zum Meditieren, zum sorgfältigen Nachdenken einladen (vgl. Spitz-Güdden 2016, S. 5 ff.):

- Ich stelle mir ein bestimmtes Kind vor. Spüre ich, von welchem Grundgefühl dieses Kind bestimmt wird? Ist es Freude oder Trauer, ist es Wut oder Angst? Kann ich das Verhalten des Kindes in der Gruppe verstehen? Bespreche ich seine Gefühle im Team? Gibt es unterschiedliche Sichtweisen? Was hat die jeweilige Sicht mit meinen persönlichen Erfahrungen zu tun?
- Nehme ich mir die nötige Zeit, um mich in die Gefühle des Kindes einzufühlen, so dass es sich ernst genommen fühlt? Oder bin ich schnell dabei, das Kind zu trösten? Kann ich die Trauer des Kindes aushalten?
- Gebe ich dem Kind das Gefühl: „So wie du fühlst, fühlst du richtig?"
- Vermittle ich ihm, dass es andere Gefühle haben darf als andere Menschen?
- Spreche ich mit dem Kind über das, was mich persönlich fröhlich macht und was mich traurig macht?
- Wie „verkopft" mache ich meine Arbeit? Wie stark ist mein Herz beteiligt?
- Bin ich bereit, in meiner Praxis den eigenen Weg zusammen mit anderen in Gesprächskreisen, Teamgesprächen oder kollegialen Helferkonferenzen zu gehen, mag er auch noch so steinig sein?
- Kann ich mein Denken so wandeln, dass es der gegebenen und aufgegebenen pädagogischen Situation so weit wie möglich entspricht?

3.1.2 Mit Korczak und Kindern unterwegs

Mit diesen offenen und öffnenden Fragen bewegt sich die pädagogische Fachkraft auf Korczaks Spuren. Er war bemüht, über das Einfühlen in das Kind hinauszugelangen und wie das Kind zu fühlen, um auf diese Weise seine wirklichen Bedürfnisse zu erkennen. Korczak war fähig, sich mit hoher Sicherheit in die Gefühlswelt und Sinnzusammenhänge des Kindes zu versenken, sich in das Kind hineinzuversetzen, sein Denken und Handeln empathisch mitzuerleben. (Gruen 2003, S. 4) Seine einfühlende Praxis, die er bereits als Kinderarzt gepflegt hatte, ging über das sonst übliche Verstehen hinaus und wendete sich den inneren Entwürfen des Kindes (seinen

Bedürfnissen, Motiven, Fantasien, Interessen, Neigungen und Wünschen) und den sachlich begründeten Kausalitäten (Notwendigkeiten, Ordnungen, Regeln, Pflichten und Aufgaben) zu. (vgl. Langhanky 1993, S. 145 ff.)

Korczaks Pädagogik der Achtung erkennt: Kein Kind darf auf feste Ziele hin entworfen und festgelegt werden, und kein Erzieher darf es für seine Zwecke „kneten oder ummodeln", es „zu etwas anderem umformen, als es ist. Birke bleibt Birke, Eiche bleibt Eiche, Ackerrettich bleibt Ackerrettich. Ich vermag zu wecken, was in der Seele schlummert, aber ich kann nichts neu schaffen." (Korczak 1978, S. 214)

Die pädagogische Fachkraft hat vielmehr das Kind einfühlend zu begleiten, das in ihm noch Verborgene oder Verdrängte freizulegen und ihm so die Chance der Selbstannahme, des autonomen Erlebens der eigenen Stärke und Schwäche zu geben. Doch das Kind macht es ihm nicht leicht, denn er muss über das Erkennen hinaus auch an das Kind und seine Fähigkeiten glauben. In seinem Buch „Wenn ich wieder klein bin" schreibt Korczak aus der Sicht des Kindes: „Wir sind sehr, sehr komplizierte Geschöpfe, dazu misstrauisch und in uns gekehrt; nichts werden euch das Glas und das Auge der Weisen sagen, wenn ihr den Glauben an uns und die Fähigkeit, mit uns zu fühlen, nicht habt." (Korczak 1973, S. 94) Dieses einfühlende Wahrnehmen des wirklichen Kindes macht auch deutlich, dass sich Korczak nicht den kürzesten und bequemsten Weg gesucht hat. Und dennoch kann er sagen: Für ihn war es der beste Weg, denn es war sein Weg, auf dem er an die schöpferischen Kompetenzen seiner Kinder und Mitarbeiter glaubte. Wir sind gut beraten, wenn wir seine authentische dialogische Praxis mit unserem Wissen reflektieren und weiterführen. Das lehren auch neurobiologische Forschungen, auf die ich im Folgenden kurz aufmerksam mache.

„Das Gehirn – ein Beziehungsorgan"

Die gute Erzieherin erlebt das Kind als fühlenden und wollenden, als handelnden und denkenden Menschen. Sein Zentralorgan, das Gehirn, steht mit der personalen Mitwelt und gegenständlichen Umwelt in enger Beziehung. (vgl. Klein 2012, S. 47)

In seiner bahnbrechenden Studie erkennt Thomas Fuchs, Professor für Psychiatrie, Neurobiologie und Philosophie an der Universität Heidelberg, das Gehirn als

- „Organ der Beziehung,
- Organ der Person,

- Organ der Möglichkeiten und
- Organ des Menschen",

das in der emotionalen Beziehung zu Menschen und der lebendigen Beziehung zu Gegenständen ganzheitlich aktiv sein will. (vgl. Fuchs 2010, S. 300)

Das menschliche Gehirn will sich also von Beginn an in der Beziehung mit anderen Menschen und mit der Umwelt in geordneten Bahnen entwickeln und sich aus eigener Kraft sinnvolle Strukturen der Welt aneignen. In diesem Lebensraum, der von wechselseitiger Empathie geprägt ist, gewinnt das Kind zunehmend mehr Freiheit.

Es ist Gestalter seiner eigenen Entwicklung. Wird aber die Beziehung durch ein Verhalten seiner Erzieher, das seinem Bedürfnis nicht entspricht, gestört, dann kommt es zu psychischen Störungen (Beziehungs- und Verhaltensstörungen) und am Ende zu psychischen Erkrankungen. „Psychische Krankheiten sind immer Krankheiten der Person in ihrer Beziehung zu anderen Menschen." (Fuchs 2010, S. 277) Die Störungen und Krankheiten haben also ihren Grund darin, dass das Zwischenmenschliche oder der Dialog gestört ist.

Diese Forschungsbefunde machen deutlich, dass bei der Erziehung des Kindes besonders auf die „Gestaltung der Umgebung und Beziehung" zu achten ist. Umgebung und Beziehung „prägen das Gehirn". (Fuchs 2010, S. 308) Dieser Befund weist erneut auf die Bedeutung der „vorbereiteten Umgebung" (Montessori) hin, in der die Erzieherin mit ihrer Sprache ein ganz wesentlicher Teil ist.

Kinder brauchen also eine von der Erzieherin gestaltete Lernumgebung, in der sie mit allen Sinnen und mit den Händen ihre authentischen Erfahrungen machen können, die ihnen helfen, selbstständig, unabhängig und sozial beteiligt das Leben zu spüren und zu erleben. Das kann aber nur gelingen, wenn die Erwachsenen sich der Perspektive des Kindes zuwenden und damit aufhören, Kinder in die eigene Perspektive hineinzuziehen. (vgl. Krenz 2008)

Diese kindorientierte Haltung in einem einladenden Erziehungsraum pflegte Korczak auch inmitten des Terrors. Er inszenierte mit Esther Winogroń, Studentin der Warschauer Universität, ein Theaterstück. Am 17. Juli 1942 führten die Kinder das von der NS-Zensur verbotene Theaterstück „Das Postamt" des indischen Schriftstellers und Philosophen Rabindranath Tagore auf. Es handelt von einem Waisenjungen, der sein Haus nicht verlassen darf, weil er sterbenskrank ist. Er hat aber ein so reines und fröhliches

Herz, dass er das Leben der Menschen, die ihm begegnen, bereichern kann. Diese letzte Aufführung im „Haus der Waisen" war – wie Korczak in seinem Ghetto-Tagebuch schreibt –, ein „Publikumserfolg. Hände drücken, Lächeln, Versuche, ein herzliches Gespräch anzuknüpfen." (Korczak 1992, S. 100) ... Korczak bleibt sich treu: Selbstachtung, Achtung und Wertschätzung des anderen Menschen. Auch in der extrem lebensbedrohlichen Situation schöpft sein kindorientiertes Handeln aus den Quellen des Guten, das nicht von vornherein bestimmt (berechnet) werden kann, sondern mit Herz und Intuition situationsorientiert gestaltet wird. Wie in einer extrem schwierigen und herausfordernden Situation die Erziehung gestaltet werden kann, das möchte das folgende Beispiel aus der Geschichte der Heilpädagogik zeigen.

3.1.3 Die Erzieherin Anne Sullivan und das taubblinde Kind Helen

Helen Keller (1880 – 1968) kam als gesundes Kind zur Welt, erkrankte im frühen Alter, wurde blind und taub. Sie lebte in „einer dunklen und leeren Welt". Erst ihre Erzieherin Anne Sullivan (1866 – 1936) entdeckte Helens Fähigkeiten, Intelligenz und Lebensfreude. Mithilfe ihrer Begleiterin konnte Helen später weltweit erfolgreich wirken. In ihren zahlreichen Werken, in denen sie die Erfahrungen mit ihrer Erzieherin offenlegt, spricht sie von zwei Welten: von der Welt, die mit Schnur und Winkelmaß gemessen wird, und von der Welt, die mit Herz und Intuition erfahren wird. (Waite 1990, S. 158)

Ein näherer Einblick in die elementaren Lebens- und Bildungserfahrungen aus der Sicht des hilfebedürftigen Menschen ist geboten. Ich möchte exemplarisch zeigen, wie die Haltung und das Handeln der guten Erzieherin in der erschwerten pädagogischen Situation wirklich ist.

Erste Begegnung

Helen erkrankte mit neunzehn Monaten an einer rätselhaften und bis heute nicht identifizierten Krankheit. Nach überstandener Krankheit konnte sie nichts sehen und nichts hören: „Ich war für immer des Gesichts und des Gehörs beraubt." (Keller 1904, S. 4) Helen lebte fünf Jahre lang in einer abgeschlossenen Welt, der sie nicht entrinnen konnte. Die Familie fand keinen Zugang zu ihr und war völlig rat- und hilflos. Helen konnte oft nicht unterscheiden, was zwischen ihr und anderen Menschen vorging. Sie berührte und bewegte ihre Lippen und gestikulierte heftig – ohne Erfolg.

Zuweilen wurde sie so wütend, dass sie mit den Füßen stampfte und schrie, bis sie erschöpft war. In dieser Situation, Helen war gerade sieben Jahre alt, begann die Erzieherin ihre Arbeit mit Helen in der Familie Keller.

Mit einer Puppe fingen die ersten Spiel-, Tast-, Lese- und Verständigungsübungen an. „Als ich ein Weilchen mit ihr gespielt hatte, buchstabierte Fräulein Sullivan langsam das Wort d-o-l-l in meine Hand. Dieses Fingerspiel interessierte mich sofort, und ich begann, es nachzumachen. Als es mir endlich gelungen war, die Buchstaben genau nachzuahmen, errötete ich vor kindlicher Freude und kindlichem Stolz. Ich lief die Treppe hinunter zu meiner Mutter, streckte meine Hand aus und machte ihr die eben erlernten Buchstaben vor. Ich wusste damals noch nicht, dass ich ein Wort buchstabierte, ja nicht einmal, dass es überhaupt Wörter gab; ich bewegte einfach meine Finger in affenartiger Nachahmung. Während der folgenden Tage lernte ich auf diese verständnisvolle Art eine große Menge Wörter buchstabieren. […] Aber meine Erzieherin weilte schon mehrere Wochen bei mir, ehe ich begriff, dass jedes Ding seine Bezeichnung habe." (Keller 1904, S. 22) Wir erkennen: Dem gesprochenen und buchstabierten Wort folgte gleich die Handlung und Berührung mit der Wirklichkeit, und der wirklichkeitsbezogenen Handlung folgte gleich das Wort.

Beharrlich und konsequent bleiben

Erste tastende und fühlende Vergleiche mit verschiedenen Puppen – mit kleinen, großen und zerlumpten – und mit anderen Gegenständen folgten. Die Erzieherin übte und buchstabierte beharrlich und konsequent. Sie versuchte, ihrer Schülerin verschiedene Wörter wie beispielsweise m-u-g (Krug, Becher) und w-a-t-e-r (Wasser) „einzuprägen", aber Helen „blieb beharrlich dabei, beides zu verwechseln". Sullivan war dem Verzweifeln nahe, ließ dieses Thema fallen, „aber nur, um es bei nächster Gelegenheit wieder aufzunehmen. Bei ihren wiederholten Versuchen wurde ich ungeduldig, ergriff die neue Puppe und schleuderte sie zu Boden." (Keller 1904, 22 f.)

Sich in Geduld üben und immer wieder nach dem Wie fragen

Sullivan räumte die Bruchstücke der zertrümmerten Puppe auf, brachte Helen ruhig und wie selbstverständlich ihren Hut, und sie gingen in den Garten. Regelmäßig schrieb Sullivan ihre Beobachtungen und Erlebnisse nieder, sie holte sich Rat aus der spärlichen Fachliteratur und sann immer wieder über die methodische Frage nach: Wie kann sie es Helen begreiflich machen? Wie kann sie das Kind in mühsamer Arbeit an die kulturellen

Normen und Werte heranführen? Im Suchen der Antwort auf diese Frage bündelt sich Anne Sullivans Berufsmotiv.

Mit konsequenter Haltung behutsam vorgehen und die Liebe des Kindes gewinnen

Helens Wut- und Zornesausbrüchen begegnete die Erzieherin geduldig, ruhig und mit einer eindeutigen, disziplinierten und konsequenten Haltung. Die Erzieherin blieb ihren Grundsätzen treu: „Ich will zuerst langsam vorgehen und ihre Liebe zu gewinnen suchen. Ich werde keinen Versuch machen, sie nur durch Kraft zu besiegen, aber gleich von Anfang an auf einem vernünftigen Gehorsam bestehen. Die schwerste Aufgabe besteht darin, sie zu zügeln und in Zucht zu halten, ohne ihren Geist zu brechen."

Bald ahmte Helen die Fingerbewegungen mit Kraft und Ausdauer neugierig nach. Sie war von einem unstillbaren Verlangen getragen, ihre Neugierde und ihr Bedürfnis nach Orientierung schienen keine Grenzen zu kennen, obwohl sie die betasteten Objekte und die entsprechenden fingeralphabetischen Tasteindrücke in der Handfläche nur unvollständig erfasste. Doch die Tasterinnerungen waren für sie ein bewegendes Motiv. Die Erzieherin „kam diesem Verlangen unermüdlich nach; den ganzen Tag fingerte sie dem Kind alles Mögliche zu, Bezeichnungen von Objekten, kleine Sätze, Erzählungen, Beschreibungen der Welt." (Stern 1905, S. 9)

Das Schlüsselerlebnis am Brunnen

Gerade war ein Monat vergangen, da ereignete sich Helens „Geburtstag der Seele": „Die Lehrerin pumpte Wasser und hielt mir die Hand unter das Rohr. Während der kühle Strom über die eine meiner Hände sprudelte, buchstabierte sie mir in die andere das Wort w-a-t-e-r, zuerst langsam. Und dann schnell. Ich stand still, mit gespannter Aufmerksamkeit die Bewegung ihrer Finger verfolgend. Mit einem Male durchzuckte mich eine nebelhaft verschwommene Erinnerung an etwas Vergessenes, ein Blitz des zurückkehrenden Denkens, und einigermaßen offen lag das Geheimnis der Sprache vor mir. Ich wusste jetzt, dass water jenes wundervolle kühle Etwas bedeutet, das über meine Hand hinströmte. Dieses lebendige Wort erweckte meine Seele zum Leben, spendete ihr Licht, Hoffnung, Freude, befreite sie von ihren Fesseln!

Ich verließ den Brunnen voller Lernbegier. [...] Beim Betreten des Zimmers erinnerte ich mich der Puppe, die ich zertrümmert hatte. Ich tastete mich bis zum Kamin, hob die Stücke auf und suchte sie vergeblich wieder zusammenzufügen. Dann füllten sich meine Augen mit Tränen; ich erkannte, was ich getan hatte, und zum ersten Mal in meinem Leben empfand ich Reue und Schmerz. Ich lernte an diesem Tage eine große Menge neuer Wörter. [...] Es dürfte schwer gewesen sein, ein glücklicheres Kind als mich zu finden, als ich am Schluss dieses ereignisvollen Tages in meinem Bettchen lag und der Freuden gedachte, die mir heute zuteil geworden waren, und zum ersten Male sehnte ich mich nach dem anbrechenden Morgen." (Keller 1904, S. 23f.)

Helen fühlte sich von „einem menschlichen Geist angestoßen"

Helen spürte das Wasser und verstand die Fingerbewegungen, die Wasser bedeuteten. Sie begriff: Dass Geschriebene ist das Wasser, das sie spürt. Helen entnahm der konkreten Wirklichkeit einen konkreten Sinn. Sie fühlte und verstand: Wasser ist Wasser. Mit diesem ihren Leib und ihre Seele bewegenden Sinnerlebnis hatte das Kind den Schlüssel zur Welt buchstäblich in der Hand. Sie ahnte, spürte und wusste: Jeder tastbare (spürbare, fühlbare, riechbare) Gegenstand hat einen Namen, den sie begreifen kann. Von nun an war das Tor geöffnet. „Ich war wie ein unbewusster Klumpen Erde. Dann plötzlich – ich weiß nicht, wie, wo und wann – empfand mein Gehirn den Anstoß eines anderen menschlichen Geistes, eine Tür tat sich auf, ich erwachte zu Sprache, Wissen, Liebe, zu den üblichen Begriffen der Natur, von Gut und Böse." (Keller 1991, S. 21)

Helen erwacht zur Sprache

Anne Sullivan und Helen Keller schreibend und lesend im Dialog

Schon nach zwei Monaten führte die Erzieherin das wissbegierige Kind in das Lesen der Blindenschrift ein, zunächst in das Lesen der üblichen Schrift mit Reliefbuchstaben und dann in das Alphabet der Blindenschrift, die von dem Franzosen Louis Braille (1809 – 1852) erfunden wurde. Bei der Brailleschrift handelt es sich um eine Punktschrift. Die Schrift ist als 6-Punkte-System mit erhabenen (ertastbaren) Punkten konzipiert. Das Grundmuster sind sechs Punkte, die genau unter die Fingerspitze passen und 63 Kombinationen für das Darstellen der Zeichen der Schrift ermöglichen.

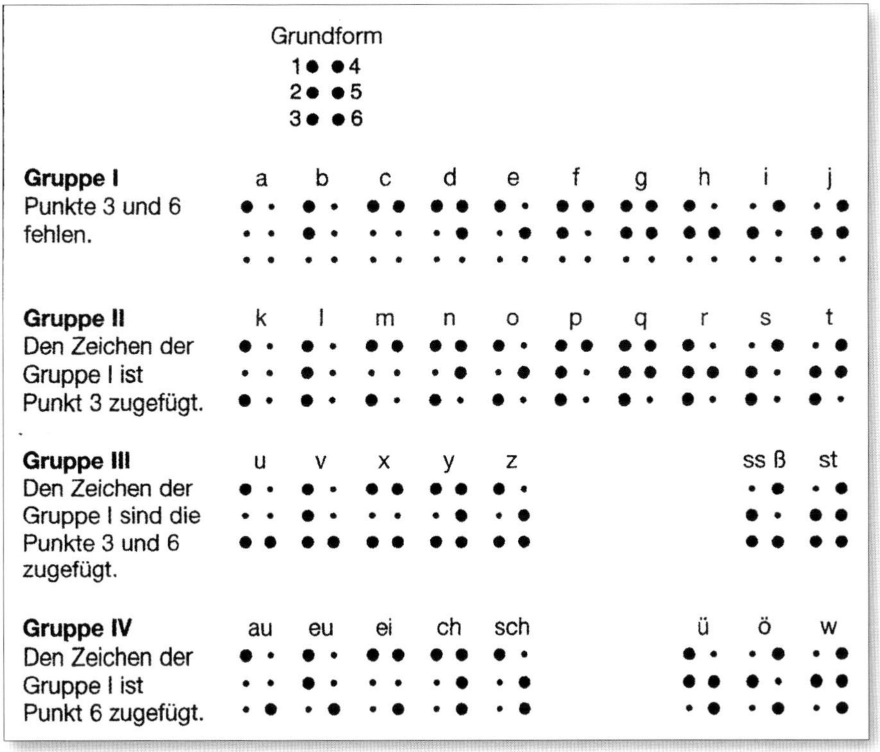

Brailleschrift

Als Helen zehn Jahre alt war, wollte sie wie die anderen Menschen mit dem Mund sprechen und nicht wie eine taube Person mit den Fingern. Rasch erwarb sie durch Abtasten von Lippen und Kehlkopf die Elemente der Lautsprache und konnte durch die unermüdliche Führungshilfe ihrer Erzieherin sich mit anderen Menschen in der Lautsprache unterhalten. Nun schienen ihr keine Grenzen gesetzt zu sein.

Helen besuchte 20-jährig ein öffentliches College mit hörenden und sehenden Mitschülerinnen, das sie nach vier Jahren erfolgreich abschloss. Sullivan schrieb ihr die Vorträge in die Hand und las ihr zu Hause aus den Büchern vor. Und als Helen Universitätsstudentin der Literatur und Geschichte war, traten wieder Sullivans Finger als unermüdliche Vermittler der Vorträge in Aktion.

Helen Keller kämpft weltweit besonders für die Achtung der blinden Menschen

Schon als Studentin gab Helen das Buch „Optimismus" heraus, in dem sie das falsche Mitleid, das auch ihre Eltern praktizierten, heftig kritisierte. Die Fachwelt wollte an die pädagogischen Erfolge ihrer Erzieherin nicht glauben. Deshalb schrieb sie ein weiteres Werk, in dem sie gerade jene Experten kritisierte, die ihr unterstellten, sie könne weder Farben noch Töne wahrnehmen.

Die 34-jährige Helen begab sich auch in Begleitung anderer Personen auf Vortragsreisen, die sie in die ganze Welt führten. Dort berichtete sie vor allem über die Arbeit ihrer Erzieherin und kämpfte für die Anerkennung der Blinden. Sie sorgte sich besonders um Kriegsblinde, aber auch um benachteiligte Menschen und ließ dabei keinen Kontinent aus.

Anne Sullivan gibt der Erzieherin Orientierung

Bis zu ihrem Tode im Alter von 70 Jahren begleitete Anne Sullivan ihre berühmte Schülerin. Der Psychologe William Stern, der Helens Entwicklung und Erziehung untersuchte, sagte, dass Sullivan „sicherlich einmal in die Tafel der pädagogischen Genies eingeschrieben werden wird. Selbst fast noch ein Kind, erst seit wenigen Jahren aus der Blindheit gerettet, übernimmt sie die schwere Aufgabe; gänzlich unbekümmert um pädagogische Theorien und Methoden, gestaltete sie intuitiv ein bisher noch nie ausgeübtes Verfahren, das sich glänzend bewährt und hoffentlich für die Zukunft heilsame Nachfolge bewirken wird." (Stern 1905, S. 3)

Sullivans Lebensleistung zeigte sich in ihrer Haltung, in ihrer „wahren Freude am Leben", sie blieb sich und ihrer Profession treu, trotzte den Widerständen und Verlockungen. Ihre Bescheidenheit wurzelte in der Liebe zur pädagogischen Aufgabe, die ihr Helen stellte. Mit der Grundstimmung wechselseitigen Vertrauens pflegte sie ihr dialogisches helfendes Handeln. Aus ihrer ganzen Person heraus war sie um ein intuitives Erkennen und Handeln bemüht.

3.1.4 Erkenntnisse und Einsichten für das (früh-)pädagogische Handeln

Mit dem Herzen sehen und intuitiv erkennen

Helen hat jahrelang die pädagogische Methode ihrer Erzieherin wahrgenommen. Ihr Beispiel in Wort und Tat hat sie dermaßen inspiriert, dass sie das Gefühl hat, „ich könnte einem Kinde, das am gleichen Gebrechen leidet wie ich selbst, das Vermögen zuteil werden lassen, mit der Seele zu sehen und mit dem Herzen zu verstehen." (Keller o. J., S. 235)

Das Beleben der Seele eines Kindes, das nicht hört und nicht sieht, kann gelingen, wenn die Erzieherin mit der Seele sieht und mit dem Herzen versteht. In diesem Sehen und Verstehen gründet die Methode des Helfens und Begleitens, die ihren Ursprung im intuitiven Erkennen und Handeln hat.

Die Erzieherin war mit intuitiver Erkenntniskraft bemüht, Pestalozzis sehende Liebe zu realisieren und dadurch die blinde Liebe, die erdrückt, einengt und ängstigt in ihrer erzieherischen Untauglichkeit zu entlarven. In der konkreten Handlungssituation am Brunnen, die immer wieder gewagt wurde und der auch immer wieder das Scheitern innewohnte, geschieht etwas jenseits von Planbarkeit und Machbarkeit. Die Erzieherin schreibt das Wort Wasser in Helens Hand, während sie den kalten Wasserstrahl fühlt. Helen erkennt nicht nur das Wort Wasser, sie erkennt auch erstmals ganz intuitiv, dass jedes Ding einen Namen hat. Es bricht herein, hier bahnt sich plötzlich und wie von selbst, aus dem eigenen „Urhebertrieb" heraus, „die Entwicklung der Seele im Kinde" (Buber 1983, S. 36) an. Dieser Durchbruch ereignete sich im Moment höchster leiblich-seelischer Konzentration. Erzieherin und Kind sind mitten in der dialogischen Handlungssituation. Hier erlebt Helen die „Geburt der Seele, erfüllt von Schmerzen und Freude". (Keller 1904, S. 24) Das geschieht (ereignet sich) im Dritten. Dieses Dritte ist Teil der Erzieherin und Teil des Kindes, es ist das Zentrum des Erzieherischen selbst, das sich ganz im Konkreten ereignet und wie ein Schlüssel den Weg zum Geist des Kindes aufschließt. Hier ereignet sich Bubers Grundwort „Ich-Du" in der unmittelbaren Begegnung: „Der Mensch wird am Du zum Ich". (Buber 1983, S. 37) Wir entdecken hier das eingeborene Du der Erzieherin im Urhebertrieb des Kindes.

Wie die Erzieherin die Individualität des Kindes begleitet und leitet

Anne Sullivan hatte intuitiv das taube und blinde Kind Helen wie ein hörendes und sehendes Kind in die Sprache hineingestellt und die individualisierende Methode in ganzheitlichen Lebenszusammenhängen situationsorientiert realisiert, auch wenn das Ich des Kindes zunächst nicht zum Du der Erzieherin und zu den Gegenständen fand und die Erzieherin auf die äußerste Probe stellte. Doch das Tor zur Sprache und zur Welt öffnete sich. Nun entfaltete Helen ihre Sprache in der gemeinsamen Welt, weil, wie Helen sagt, die Erzieherin ihre „Individualität geformt hatte".

Helen hatte durch die Methode des situationsorientierten Handelns ihrer Erzieherin erkannt, „dass es zwei Welten gibt, eine, die sich mit Schnur und Winkelmaß messen lässt, und jene andere, die wir nur mit unserem Herzen und in der Intuition erfahren können." Eine Erzieherin, die aus diesen Quellen schöpft, wird das Messen mit Schnur und Winkelmaß hinter sich lassen und versuchen, das Erkennen des Kindes mit Herz und Intuition zu pflegen. Darin zeigt sich ein letzter Sinn des guten Handelns, des helfenden Bemühens. Michaele Glöckler, Ärztin, Therapeutin und Erzieherin, fragt: *„Entspringt die Quelle des Guten aus der Beziehungsfähigkeit der Menschen untereinander, indem sie Sorge, Mitleid und Liebe empfinden? Oder finde ich das Gute, indem ich mich entschließe, es zu tun – soweit meine Fähigkeit und mein Bewusstseinsvermögen reichen, meine Erfahrung wächst, sowie die Bereitschaft, aus Fehlern zu lernen?"* (Glöckler 2002, S. 7)

Anne Sullivan schöpfte mit ihrer einfühlenden Haltung aus den Quellen des Guten. Sie lernte aus anfänglichen Fehlern. Sie reflektierte ihr Handeln und bemühte sich um ein besseres (gelingendes)

- situationsgerechtes,
- bedürfnis- und bedarfsgerechtes

Handeln. Das legt uns auch das folgende Beispiel „Martin und seine Erzieherinnen" ans Herz. Seine Erzieherinnen gingen, in gleicher Weise wie Anne Sullivan, nicht vom Defekt oder Störungsbild aus, sondern vom gegebenen Kind in seiner Ganzheit und Einmaligkeit.

3.1.5 Martin, ein Menschenkind wie du und ich

Seine Entwicklung

Martin kommt nach 18 Stunden Geburtsdauer auf die Welt und wird drei Tage später in einer Kinderklinik aufgenommen. Diagnose: hochgradiger angeborener Hydrozephalus unbekannter Genese. Mit einem Monat ist eine Ventiloperation nötig. Nach weiteren vier Monaten erfolgt erneute Klinikeinweisung. Spastizität und Krampfbereitschaft bahnen sich an, ein Spezialstuhl für Spastiker wird verordnet. Trotz des implantierten Spitz-Holter-Ventils wächst der Kopf unproportional weiter. Mit 16 Monaten wird die Diagnose erweitert: Tetraspastik, Entwicklungsrückstand, keine Kopfkontrolle. Bald kommt als neues Problem eine hartnäckige Verstopfung hinzu. Mit zwei Jahren treten gehäuft kleine Anfälle auf, die unter Kontrolle gebracht werden. Ein Jahr später hat Martin große Anfälle. Er spricht noch kein Wort, obwohl er mit eineinhalb Jahren erste Laute geäußert hatte.

Trotz rechtzeitiger intensiver medizinisch-therapeutischer Begleitung und liebevoller häuslicher Pflege hat sich Martin so entwickelt.

Martin pädagogisch begleiten und leiten

Das folgende Erziehungsprogramm, das in das Alltagsgeschehen und damit in die Gegenstände der häuslichen Kultur eingebunden ist, hat die Früherzieherin zusammen mit der Mutter und mir erarbeitet. Es knüpft an bereits vorhandene oder noch verborgene Bedürfnisse und Kompetenzen des Kindes an.

Das Programm bestand vor allem in akustischen und taktilen Sensibilisierungsübungen, im Vermitteln von Vibrationsempfindungen, in musikalisch und rhythmisch begleiteten Bewegungsaktivitäten und in einem mundmotorischen Training. Das Spielen und Umgehen mit verschiedenen Gegenständen (Greifspielzeug, rollende und sich bewegende Dinge aus dem Haushalt, geräuscherzeugende Dosen, Musikinstrumente) erfolgt bei sprachlicher und körpernaher Zuwendung in einer dem Kind zugewandten und fröhlich gestimmten Haltung. Martin wurde wesentlich ruhiger und belastbarer.

Martin hört gerne Musik. Er lauscht sogar einer einfachen Melodie, klopft mit einem Schlegel, den ihm die Mutter oder die Erzieherin in die Hand gibt, zunehmend entspannt und gelockert auf ein Xylofon – zunächst unter Führungshilfe der Mutter, später auch schon allein. Martin bewegt sich in dieser kommunikativen Situation mit Freude im Medium des Rhythmus und der Musik. Und er bringt von sich aus die angebotenen Instrumente zum Klingen. Martin fühlt sich in seinem Wollen und Können bestätigt und bestärkt, er ist selbstwirksam tätig. Er fühlt sich wohl. Mutter und Erzieherin bestätigen einander.

Wie können wir den gestalteten Erziehungsraum verstehen?

Nach Martin Buber kann sich das Leben eines Menschen in der „Sphäre des Zwischen", d. h. in Wechselwirkung mit einem Du entwickeln: im gegenseitigen Begegnen, im Geben und Nehmen. Martin lernt und entwickelt sich nach seiner Lebensperspektive in dieser Sphäre, die ein wirkliches zwischenmenschliches Geschehen ist.

In der unmittelbaren Begegnung von Mensch zu Mensch hat jeder die Möglichkeit zu wachsen, sich zu entwickeln und zu lernen. In diesem Begegnungsraum von Ich und Du, Buber spricht vom „Grundwort Ich-Du", in dem keine Begrifflichkeit (kein Prinzip, keine Konstruktion) mehr dazwischen steht, wird das Gute und Rechte in der Welt erlebt: „Der Mensch wird am Du zum Ich." (Buber 1984, S. 32)

Um in diesen Dialog von Mensch zu Mensch eintreten zu können, hat der Erwachsene besondere Qualitäten auszubilden, die ein tieferes Verstehen des anderen Menschen in der gemeinsam erlebten und geteilten Wirklichkeit ermöglichen. Er hat sich innerlich freizumachen und wie eine aufnehmende leere Schale sich auf den anderen Menschen einzustellen. In diesem Begegnungsraum kann er die Stimmung, das Wollen und Können des Kindes leiblich erspüren und reflektieren. Die unmittelbare Begegnung beginnt dort, wo sich der Erwachsene in seiner körperlich-seelisch-geistigen Ganzheit auf das Kind einlässt und mit ihm in eine Beziehung eintritt. Hier spürt er das Sein des Kindes. Darin liegt die Möglichkeit einer tieferen Begegnung.

Martin entwickelt durch die unmittelbare Begegnung am Du seiner beiden Erzieherinnen sein Selbst, seine Ich-Stärke und sein Gefühl der Selbstwirksamkeit. Durch diese dialogische Praxis bieten sie Martin eine haltgebende Basis, die ihm ein Gefühl der Zugehörigkeit und Sicherheit erleben lässt. Er fängt an, sich auf seine einladende Umgebung einzulassen, und kann sich seine Bildungsgegenstände aus eigener Initiative aneignen. Martin erlebt sich als resilienter (starker) Mensch:

- Ich habe Menschen, die mich gern haben, sie geben mir eine sichere Basis.
- Ich bin eine liebenswerte Person, kann mich in meinem Selbstwert erleben.

- Ich traue mir zu, Situationen zu beeinflussen, und kann Wege finden, mich selbst zu steuern, kurz: Ich bin stark und kann selbstwirksam sein.

Das Kind entwickelt sein Ich (Selbst) am Du der Erzieherin

Am Beispiel „Martin und seine Erzieherinnen“ versuchte ich zu zeigen, wie die Würde des Kindes geachtet, seine Entwicklung begleitet und geleitet werden kann. Es kommt hier auf die alles entscheidende Beziehungsqualität an. Im dialogischen Begegnungsraum erlebt Martin, dass er der Situation nicht ausgeliefert ist, sondern sie (mit-)gestalten, (mit-)verändern kann. In der gemeinsam gestalteten Situation gewinnt er Vertrauen in seine Fähigkeiten und Fertigkeiten und kann diese weiterentwickeln.

Durch empathisch gestaltete wechselseitige Beziehung und möglichst situationsgerechtes Handeln kann jedes Kind aus eigener Kraft in seinem Lebensraum aktiv teilnehmen und sich die Gegenstände der Kultur aneignen. Hier entwickelt es am Du der Erzieherin sein Ich oder Selbst, sein Wollen, Fühlen und Können.

Fazit

Die Beispiele „Helen und ihre Erzieherin“ sowie „Martin und seine Erzieherinnen“ bestätigen empirische Studien und geisteswissenschaftliche Einsichten, dass nämlich

- das Sein der Erzieherin das erste Wirkende ist,
- ihr Tun an zweiter Stelle steht und
- zuletzt das kommt, was sie redet. (Klein 2015, S. 26 und S. 113 ff.)

An dieser alten philosophischen und pädagogischen Weisheit kann die Erzieherin ihre Professionalität als nie endende Aufgabe prüfen, die im Grunde Selbstbildung oder Selbsterziehung ist und heute mit Selbstmanagement oder Kompetenzausbildung beschrieben wird.

3.2 Das Kind auf dem Weg seiner Selbstfindung einfühlend verstehen und begleiten

3.2.1 Das pädagogische Interesse in der Beziehungssituation

Nicht in der Beschleunigung der kindlichen Entwicklung durch Orientierung des Lernens am künftigen Erwachsenenleben besteht Korczaks pädagogisches Interesse. Das Interesse ist vielmehr darauf gerichtet, das Kind in der Beziehungssituation im Prozess der Entwicklung und Selbstfindung zu verstehen, zu begleiten, zu leiten und zu schützen. Da pädagogische Beziehungen Austauschprozesse zwischen Kindern und Erwachsenen sind, lernen ebenso die Erwachsenen von den Kindern. Bei dieser dialogisch gestalteten Erziehungssituation (Liegle 2013) darf es nicht um eine „Fastfood-Pädagogik" gehen, die gleich die richtige Lösung parat hat und die Entwicklung durch gezieltes Eingreifen lenken will. Alle Anzeichen der Kindheitswissenschaften weisen darauf hin, dass ein Eingreifen von außen die schöpferischen Wachstumsprozesse des Kindes stören.

Diese achtsame Beziehungspädagogik pflegten die ersten Heilpädagogen und Heilpädagoginnen. (Buchka/Grimm/Klein 2002) Ihrem Handeln ging es um ein gutes Leben des behinderten, ausgegrenzten oder benachteiligten Kindes zusammen mit anderen Menschen. Damit entsprachen sie dem ursprünglichen Bedürfnis der Eltern, die ein bedingungsloses Ja zu ihrem Kind sagten. Das professionelle und elterliche „Ja" zu jedem Menschenkind wird heute durch das Recht auf Inklusion in allen Lebensbereichen eingefordert: Unabhängig von bestimmten Merkmalen hat nun jedes Kind das unveräußerliche Recht, zusammen mit anderen Kindern zu leben, zu lernen, zu spielen und zu arbeiten. Das Menschenrecht auf Inklusion stellt die pädagogische Fachkraft vor konkrete Anforderungen: Sie hat jedem Kind seine individuelle Entwicklung zu ermöglichen, es bedürfnis- und bedarfsgerecht zu unterstützen und mit ihm die gemeinsame Lernsituationen zum Wohle aller Kinder der Gruppe zu gestalten. Gefragt ist ihre vertiefte pädagogische Kompetenz.

Reflektierte inklusive Praxis pflegt die gute Erzieherin. Sie kann

- sich das beobachtete Phänomen mithilfe von Kriterien – allein oder im Team – transparent machen,
- sich die gemachten Erfahrungen, die im Erfahren selbst verankert sind, als authentische vergegenwärtigen,

- ihre Erfahrungen in einer skeptischen Haltung gegenüber der eigenen Interpretationsleistung kritisch reflektieren und
- durch weitere Erfahrungserkenntnisse anreichern – und auch neue Forschungen initiieren.

Ihre reflektierte Praxis oszilliert (bewegt sich) zwischen Nähe und Distanz, zwischen Empathie und Reflexion. Sie ist in einem nie endenden Prozess der methodischen Fragestellung aufgegeben. Es geht hier um Erkenntnisse und Einsichten durch Reflexion der Erfahrungen, in denen das Kind als Subjekt seines Seins und Werdens beobachtet wird und die ein Deuten und Verstehen und eine Pädagogik der „gemeinsamen Daseinsgestaltung" (Kobi 2004, S. 74) ermöglichen. Hier stehen die Haltung und das pädagogische Handeln im Fokus und werden intersubjektiv geprüft und evaluiert (beurteilt, bewertet). Dieses Nachdenken ermöglicht im Verständnis des Schweizer (Heil-)Pädagogen Paul Moor das Gegebene (das, was ist) zum Aufgegebenen (zu dem, was hier und heute werden kann) und letztlich auch zum Verheißenen (zu dem, was schon keimhaft angelegt ist und im Inneren des Kindes werden kann) zu wandeln.

3.2.2 Situationsorientiert begleiten und unterstützen

Die Kindertagesstätte – ein Ermöglichungsraum für alle Kinder

Diese professionelle Arbeit in der inklusiver werdenden Kindertageseinrichtung als „Ermöglichungsraum für alle Kinder" (Klein 2012, S. 15 ff.) braucht die situationsorientiert handelnde pädagogische Fachkraft, die sich an den Bedürfnissen und Bedarfen des individuellen Kindes (mit seinen Kompetenzen und Ressourcen, mit seinen Problemen, Einschränkungen und Nöten) und an dem Bildungsgegenstand (mit seinen Werten und Normen) orientiert und dem Kind Wohlbefinden im menschlichen Mit- und Füreinander ermöglicht. Diese individualisierte Erziehung, der große Schweizer Pädagoge und Sozialreformer Pestalozzi (1746 – 1827) nannte sie „Individualbesorgung", erfolgt in der einfühlend zu gestaltenden Beziehungssituation, die ein wechselseitiges Lernen in den drei Aufgabenfeldern „Betreuung, Erziehung und Bildung" ermöglicht. Christel Spitz-Güdden, Fachkraft für den von Armin Krenz begründeten situationsorientierten Ansatz, Referentin in der Aus- und Fortbildung und Herausgeberin des Praxishandbuches Elementarpädagogik, beschreibt diesen gesetzlich verankerten Auftrag folgendermaßen:

Beim ***Betreuungsauftrag*** ist „treu sein" geboten: Die pädagogische Fachkraft ist aufgefordert, den ihr anvertrauten Kindern ein Beziehungsangebot zu machen. Treu sein bedeutet hier, eine zuverlässige Partnerin zu sein, den Kindern wertschätzend, respektvoll und achtsam zu begegnen. Hier ermöglicht sie dem Kind, eine Bindung aufzubauen, die Voraussetzung für nachhaltige Bildung ist. Konkret im Alltag bedeutet das:

- „Gemeinsam mit Kindern Situationen durchstehen, in denen die Kinder Hilfe und Beistand eines Erwachsenen brauchen,
- Versprechen einhalten,
- Kinder in Situationen nicht allein lassen, in denen sie sich einsam fühlen,
- mit Kindern eine Freundschaft eingehen, sodass sie pädagogische Fachkräfte als Fürsprecher und als Bündnispartner erleben,
- Anwalt des Kindes sein, zuverlässiger Ansprechpartner sein, sodass Kinder Sicherheit erleben,
- eine Atmosphäre der Achtung und Wertschätzung als Basis allen Handelns (Umgangskultur) schaffen,
- für feste, für die Kinder überschaubare Gruppen sorgen, da nur so Treue erlebt werden kann." (Spitz-Güdden 2017, S. 5)

Beim ***Bildungsauftrag*** darf nicht eine funktionsorientierte Wissensvermittlung an erster Stelle stehen, sondern vielmehr die Persönlichkeitsbildung, „die wiederum die Vernetzung von Fertigkeiten und Fähigkeiten mit Wissen sowie eine Verinnerlichung gelebter Verhaltensweisen darstellt." „[Bildung] geht einher mit Merkmalen wie Neugierde, Interesse, Motivation und Auseinandersetzung mit bekannten und unbekannten Dingen. Durch diese Auseinandersetzung mit der Welt und sich selbst wird das Erleben religiöser, sittlicher, künstlerischer und wissenschaftlicher Werte unterstützt." (ebd., S. 6)

Beim ***Erziehungsauftrag*** geht es darum, „Kinder im eigenverantwortlichen Handeln zu unterstützen, damit sie ein Teil der gesellschaftlichen Gemeinschaft werden. Dies beinhaltet die emotionalen und sozialen Aspekte der Persönlichkeitsbildung eines Kindes. Kindern zu ermöglichen, in eine Verantwortung für sich selbst und für die Gemeinschaft hineinzuwachsen, geht nur über Personen, die Kindern Vorbild und treue Partner sind" (ebd. S. 6) – und Selbstbildung pflegen.

Selbstbildung der Erzieherin

Die Arbeit an sich selbst wird aber erst dann gelingen, wenn der beruflich Tätige in den Augen des Kindes seine „eigene Ohnmacht wahrnimmt"

(Korczak 1978, S. 103), bereit ist mit dem Kind zu fühlen und mit anderen Erwachsenen, mit Eltern, dem Team der Einrichtung und anderen Professionellen ein offenes Gespräch zum Wohle des Kindes führt. Auf diese Selbstbildung oder Selbsterziehung macht Paul Moor in seiner dritten heilpädagogischen Grundregel aufmerksam.

Der Selbsterziehung widmet Paul Moor das abschließende Kapitel seiner „Heilpädagogik" (Moor 1999, S. 284–296), das in weiser Vorausschau den inklusionsorientierten Untertitel „Ein pädagogisches Lehrbuch" trägt. Dem Kapitel seines heilpädagogischen Grundlagenwerkes stellt Moor ein Zitat von Martin Buber, dem Begründer des „Dialogischen Prinzips", voran:

> *„Bei sich selbst beginnen, aber nicht bei sich enden;*
> *von sich ausgehen, aber nicht auf sich abzielen;*
> *sich erfassen, aber sich nicht mit sich befassen."*
>
> *(zitiert nach Moor 1999, S. 284)*

3.2.3 Das Für- und Miteinander hat tiefe Wurzeln

„Wer auf der Linie bisheriger Trennungen zwischen dem Eigenen und Fremden weitermacht, produziert Immunverlust nicht nur für andere, sondern auch für sich selbst." (Sloterdijk 2009, S. 713)
Peter Sloterdijk, maßgebender Kulturkritiker der Gegenwart, weist in dem Zitat auf eine menschliche und soziale Gegebenheit hin, die zur gemeinsamen Übung der menschlichen Vernunft herausfordert.

Eva Kittay, Mutter der schwerbehinderten Tochter Sesha, nimmt bei Sesha „tiefgehende persönliche Beziehungen" zu jenen Menschen wahr, die sie pflegen und begleiten. Die Qualität des Lebens und Lernens ihrer Tochter hängt von der Qualität der Beziehungen zu anderen Menschen ab. Sesha braucht Liebe und Wertschätzung, Zuwendung und Hilfe. Frau Kittay sieht in der Liebe, die aus den Beziehungen der Abhängigkeit hervorgeht, „eine reiche und unentbehrliche Quelle", die „unser Menschsein ausmacht." (Kittay 2009, S. 156 ff.) Das Menschsein in der Liebe, oder – modern gesprochen – das solidarische Miteinander hat tiefe Wurzeln. Die Wurzeln sind im Menschen angelegt und weisen auf das Du hin. Diese dialogische Beziehungsgestaltung überwindet den Immunverlust und stärkt das leibliche und seelisch-geistige Wohlbefinden der Menschen. Das hat Sloterdijk im Auge.

3.2.4 Vertiefte pädagogische Hilfe für zunehmend mehr Kinder

Kinder wie Sesha sind auf achtsame Haltung und mitmenschliche Hilfe, auf medizinisch-therapeutische und spezielle pädagogische Unterstützung und Begleitung angewiesen. Sie werden immer jünger und immer mehr. Die rasch sich ausweitenden kinderpsychiatrischen Praxen haben lange Wartelisten. Jedes fünfte Kind zeigt eine Entwicklungsproblematik (Sprach-, Gefühls- oder Kommunikationsstörungen, Konzentrationsstörungen, Lern- oder Leistungsstörungen). Diese Kinder und Kinder von Flüchtlingen stellen die Kindertageseinrichtungen vor eine neue Herausforderung, auf die sie in der Regel nicht oder nicht hinreichend vorbereitet sind.

Auf das pädagogische Bemühen bei Kindern mit bio-psycho-sozialen Risiken gehe ich kurz ein. Wir können ganz allgemein drei Gruppen unterscheiden: Kinder mit Aufmerksamkeitsstörungen (hyperaktive Kinder), Kinder in sozialen Brennpunkten und Kinder mit Fluchterfahrungen. (Weiterführende Gedanken und medizinisch-therapeutische Fachliteratur in: Klein 2012, S. 119-165, Klein 2015, S. 66-73; S. 190-223 und Klein/Neuhäuser 2012.)

Hyperaktive Kinder

... zeigen schon in den ersten Lebensjahren ein auffälliges Verhalten. Ihr Verhalten wird mit über einhundert verschiedenen Bezeichnungen in der psychologischen, psychiatrischen sowie heil- und sonderpädagogischen Fachliteratur beschrieben. (Klein/Meinertz/Kausen 1999, S. 169) Alarmierend ist die Modediagnose „ADS"/„ADHS": Aufmerksamkeits-Defizit-Syndrom (ADS) oder Aufmerksamkeits-Defizit-Hyperaktivitäts-Störung (ADHS).

Ein Warnsignal ist die Feststellung, dass sich in den vergangenen zehn Jahren die Zahl der hyperaktiven zwei- bis vierjährigen Kinder, die Psychopharmaka schlucken, verdreifacht hat. An erster Stelle steht das verschreibungspflichtige Aufputschmittel Ritalin, das bei emotionaler Labilität, Störungen der Wahrnehmung und Bewegungskoordination, Teilleistungs-, Aufmerksamkeits- und Konzentrationsstörungen oder Hyperaktivität helfen soll. Nach führenden ADHS-Forschern hat sich von 1993 bis 2010 die Absatzmenge von Medikamenten mit dem Wirkstoff Methylphenidat von 34 Kilo auf knapp 1,8 Tonnen erhöht. (Klein 2015, S. 69) Inzwischen füllt die ADHS-Fachliteratur lange Bücherregale. Die Internet-Suchmaschine weist bei ADHS über 1,8 Millionen Links aus.

In seiner Studie „Die Ritalin-Gesellschaft. ADS: Eine Generation wird krankgeschrieben" zeigt Richard DeGrandpre auf, wie die heutige Gesellschaft, in der Eile und Beschleunigung vorherrschen, das Bewusstsein der Kinder und ihr emotionales und geistiges Befinden verändert und welchen Preis sie für die Einnahme von Stimulanzien bezahlen.

Davon betroffen sind besonders Kinder aus sozioökonomisch prekären Herkunftsfamilien. Im Zentrum ihrer Entwicklungsprobleme ist die Erfahrung der Ungeborgenheit, ein Gefühl der inneren Ruhelosigkeit und der dominierenden Angst. (vgl. Klein 2015, S. 69)

In medizinischen Fachzeitschriften wird vor der Vordiagnose oder Verdachtsdiagnose ADHS gewarnt, mit der vor allem Eltern das auffällige Verhalten des Kindes etikettieren. Sie kennen nicht nur die Diagnose, sondern wissen dann auch gleich, welche Therapie angesagt ist: die Behandlung des Patienten mit Ritalin oder einem vergleichbaren Arzneimittel. Das entlastet nur scheinbar die Erwachsenen und hilft dem Kind gar nicht. Und im pessimistischen Sog der Zeit können dann ihre Erwartungen im Sinn einer sich selbst erfüllenden Prophezeiung (self-fulfilling prophecy) ins Negative umschlagen und weitere Probleme schaffen.

Kinder, die mit dem Psychopharmakon Ritalin, das der Betäubungsmittelverordnung unterliegt, behandelt werden, neigen häufig zum frühen Drogenkonsum und hoher Straffälligkeit. Eine Überdosierung kann zu psychotischen Zuständen führen. Schwerpunktpraxen mit Kinder- und Jugendärzten, Psychologen, Therapeuten und Heilpädagogen sollen gefährdete Entwicklungs- und Bildungsbiografien verhindern oder (wieder) normalisieren.

Eine medikamentöse Behandlung sollte immer eingebettet sein in ein pädagogisches Gesamtkonzept, das vor allem Aufklärung und Beratung von Eltern sowie Elterntraining beinhaltet. (vgl. Neuhäuser 2010) Ein solches Angebot wird in der sozialpsychiatrischen Versorgung vorgehalten, beispielsweise in systemisch ausgerichteten kinder- und jugendpsychiatrischen Praxen, in denen multiprofessionelle Teams insbesondere heilpädagogisch arbeiten. Diese vertiefte oder ganzmachende Entwicklungshilfe ist auf den inneren Halt des Kindes konzentriert und achtet seinen Willen und seine Gefühle. Die Kinder sind im Grunde nicht fähig, sich aus eigener Kraft aus ihrem inneren Zentrum (Ich oder Selbst) heraus für längere Zeit zu sammeln, auf einen Bildungsgegenstand zu konzentrieren und sich mit ihm so lernwirksam auseinanderzusetzen, dass sie dadurch ganzheitlich – körperlich-seelisch-geistig – wachsen können. Es gelingt ihnen nicht, sich zusammen mit anderen ihre Welt so anzueignen, wie sie es ursprünglich aus ihrem innersten Kraftzentrum heraus wollen.

Kinder- und Jugendpsychiater, Sozial- und Neuropädiater, Kinderpsychologen und Lerntherapeuten oder Neurobiologen fordern für diese Kinder – und letztlich im Grunde vorbeugend für alle Kinder – eine frühe einfühlsame pädagogisch-therapeutische Begleitung und Führung, die ihnen ihre Kindheit wiedergibt und sie nicht zu früh erwachsen werden lässt, denn die Seele der Kinder braucht Zeit und einladende Lebens- und Lernräume, in denen sie sich wohlfühlen und innerlich stärken können. Sie benötigen einen haltgebenden und heilenden (ganzmachenden) Erziehungs- und Bildungsraum, in dem sie sich aus eigener Initiative zu beziehungsfähigen, zu lern- und arbeitsfähigen Menschen entwickeln können.

Der bekannte Behindertenpädagoge Georg Feuser bezeichnet die Ritalin-Behandlung der Kinder als ein „Verbrechen an der Menschheit": Ritalin gehöre verboten. Oft fehle es den lebhaften Kindern, die sich an ihre hektische Umgebung anpassen müssen, bloß an Zuwendung und einem geordneten Lebensraum. Viele Kinder seien das Spiegelbild ihrer häuslichen Erzieher und ihrer Umgebung. (Feuser 2017)

Kinder aus sozialen Brennpunkten

… sind ein erhebliches soziales Problem geworden, weil die Eltern ihre wesentlichen Grundbedürfnisse nach Ernährung, Pflege, emotionaler Zuwendung und Geborgenheit, Anregung, Entfaltung und kultureller Teilhabe nicht hinreichend erfüllen. Ihre Kinder zeigen erheblich eingeschränkte Handlungs- und Entwicklungsspielräume.

Hat sich Armut dauerhaft eingenistet, gelingt es Eltern immer weniger, Benachteiligungen von ihren Kindern fernzuhalten oder zu kompensieren. Chronische Armut wirkt demoralisierend und kann die häusliche Erziehungskompetenz erheblich erschweren. Eltern fällt es oftmals schwer, ihren Kindern klare und verlässliche Regeln, Werte, Orientierungen und Gewissheiten zu vermitteln. Armut, insbesondere in Verbindung mit sozialen und psychischen Belastungen, ist ein Nährboden für Kindesvernachlässigung, vor allem dann, wenn Eltern ähnliche frühe Erfahrungen gemacht haben. Ärztliche Einschulungsuntersuchungen lassen bei diesen Kindern erhebliche Sprachstörungen, Beeinträchtigungen der geistigen Entwicklung, psychomotorische Störungen, zerebrale Bewegungsstörungen, Störungen des Knochenapparats, Einnässen und Einkoten sowie andere psychiatrische Erkrankungen erkennen.

Dieser schwerwiegende Befund weist auf die Notwendigkeit hin, die Aufgaben der frühpädagogischen Bildungseinrichtung zu erweitern, damit möglichst viele Kinder und Familien rechtzeitig eine entwicklungsbegleitende heilpädagogische Hilfe mit sozialen Unterstützungsmaßnahmen erhalten. Auch eine beratende „Nachhilfe" für Eltern in prekären Lebenslagen in Fragen der Pflege, Ernährung und der Befriedigung von kindlichen Spielbedürfnissen ist dringend geboten, ebenso interaktions- und beziehungsfördernde Anregungen und alltagsnahe Unterstützungen. (Klein 2012, S. 52 ff.)

Kinder mit Fluchterfahrungen und Traumatisierungen

… werden in der Regel ohne ausreichende Vorbereitung der Kita-Mitarbeiter aufgenommen, die vereinzelt mit Vorurteilen oder stereotypen Äußerungen reagieren und es im Umgang mit den Kindern und ihren Eltern an achtsamer Haltung fehlen lassen. Es können dann sehr schnell unveränderliche Denk- und Handlungsmuster (Sterotypen) das pädagogische Handeln des Mitarbeiters und Teams sowie den Bildungsauftrag der Einrichtung behindern. Diese hinderlichen Voreinstellungen, Vorannahmen oder gar Vorurteile müssen immer wieder in emotionaler Selbstauseinandersetzung reflektiert, analysiert und bearbeitet werden.

Es handelt sich hier um tief sitzende erworbene negative Annahmen über andere Menschen, die nicht mehr hinreichend verlernt werden können und deshalb immer wieder auf emotionaler Ebene reflektiert werden müssen, um eben vorurteilsbewusster zu handeln. Für dieses bewusste Reflektieren bietet sich der in Südafrika und später in den USA entwickelte „Anti-Bias-Ansatz" (englisch bias = Voreingenommenheit, Einseitigkeit) an, dessen Ziel es ist, die Apartheid, d. h. die Trennung zwischen sogenannten Weißen und sogenannten Schwarzen, so weit wie möglich zu überwinden und ein möglichst diskriminierungsfreies Zusammenleben zu schaffen. (Anti-Bias-Netz 2016)

Die pädagogische Fachkraft wird sich die hinter ihrer Haltung verborgenen individuellen und institutionellen Prozesse bewusst machen, die mit Diskriminierung und Machtstrukturen zusammenhängen. In dem Maße, in dem ihr dieser Bewusstseinsbildungsprozess gelingt, kann sie ihre persönliche Einstellung zu einer achtsamen Haltung wandeln und vorurteilsbewusst jedem Kind die Entwicklung seiner Identität durch gemeinsame Erfahrungen ermöglichen. (Winkelmann 2016)

Reflektierte Erfahrungen des Autors im Arbeitskreis Migration Bad Aibling (www.kreis-migration-bad-aibling.de) zeigen: Traumatisierte Flüchtlingskinder aus anderen Kulturkreisen besuchen die inklusive Kita. Die Kinder können anfangs das Erlebte nicht kommunizieren. Sie zeigen Symptome wie Wut, Überaktivität oder Ruhelosigkeit, haben Stimmungsschwankungen und können ihre Impulse nicht hinreichend kontrollieren. Andere fühlen sich isoliert und getrennt, haben einen geringen Willen, einfachste Aufgaben zuverlässig zu erledigen. Sie leben mit existenziellen Ängsten.

Diese Kinder benötigen neben der medizinisch-therapeutischen Behandlung beim Hereinwachsen in die neue (Sprach-)Kultur eine pädagogische Lebenshilfe durch einen klar strukturierten äußeren Rahmen, in dem sich Lern- und Entwicklungsprozesse im gemeinsamen Miteinander vollziehen können. Immer wiederkehrende und auf die Entwicklung von Kindern abgestimmte ritualisierte Abläufe (mit Tagesplan und Arbeit mit Zielen) sind geboten. Da bei traumatisierten Kindern auch innerfamiliäre Traumatisierungen gravierendere Folgen nach sich ziehen können, ist es geboten, das Wissen der medizinischen und psychologischen Profession in das heilpädagogische Handlungskonzept zu integrieren, das Teamgespräche und Supervision erforderlich macht.

3.2.5 Durch Teamarbeit und Supervision Grenzen überwinden und eigene Ressourcen entdecken

Teamarbeit

Auf Teamarbeit und Supervision hat bereits der österreichische Kinderarzt Hans Asperger (1906 – 1980) aufmerksam gemacht, auch wenn er diese Begriffe noch nicht kannte. Asperger verstand die Heilpädagogik als Wissenschaft und Praxis, die Kinderheilkunde, Psychiatrie, Psychologie, Sozialwissenschaft und Pädagogik umfasst und eine spezifische Aufgabe hat. Diese Aufgabe kann nur gemeinsam gelöst werden. Asperger spricht von einer ganzheitlichen Hilfe durch rechte Menschenführung, bei der die Mitarbeiter nicht die eigene Position im Streit gegen eine andere verteidigen dürfen, sondern sich gegenseitig Anregungen vermitteln, vertrauensvoll zusammenarbeiten und wie Kathrin Nürge sagt „gemeinsam wachsen". (Klein/Neuhäuser 2006, S. 36 ff.; Nürge 2017, S. 143 ff.)

Auf diese Zusammenarbeit ist die Erzieherin angewiesen, denn bei der inklusiven Erziehung ist ein gründliches pädagogisches Nachdenken geboten, das neue Erkenntnisse der psychologischen, medizinischen und soziologischen Fachwissenschaften, aber auch den Sachverstand der Eltern, zurate zieht.

Gerade das nicht gelungene Handeln führt die Erzieherin an die eigenen Grenzen. Diese Erfahrung gibt ihr die Chance, zusammen mit anderen Fachkräften wie Ärzten, Ergotherapeuten, Heilpädagogen, Logopäden, Physiotherapeuten, Psychologen, Sozialpädagogen und Sozialarbeitern im lebendigen Gedankenaustausch zu lernen. Sie kann Antworten auf folgende Fragen suchen:

- Was kann ich in den drei Bereichen „Betreuen, Bilden, Erziehen" tun, um es in einer Atmosphäre des Vertrauens erneut zu versuchen?
- Welche Haltung erwartet gerade dieses Kind mit seinen individuellen Bedürfnissen?
- Welchen individuellen Unterstützungsbedarf hat das Kind?
- Wie muss ich sein, um dem Kind zu helfen und die gefährdete oder zusammengebrochene Beziehungssituation in eine gelingende zu wandeln?
- Wie kann ich mein Handeln prüfen und bewerten (evaluieren)?

Durch eine so verstandene Teamarbeit in lebendiger Kommunikation kann die Erzieherin immer wieder Neues lernen, menschliche und fachliche Erfahrungen machen. Sie kann ihr Wissen und Können weiterentwickeln.

Bei diesem Miteinanderberaten ist die Erzieherin nicht jene Expertin, die den anderen schnell Ratschläge erteilt. Sie versucht vielmehr, die Sicht und Deutungsmuster des anderen Mitarbeiters zu verstehen. Vor diesem Hintergrund kann dann eine gemeinsame Analyse des Problems erfolgen, die das Ableiten konkreter Handlungsschritte ermöglicht.

Supervision

Eine besondere Beratungsform ist die Supervision. Durch sie soll ein anerkennendes Klima im Team entwickelt werden. Supervision geht vom Ansatz des Darüberschauens (super = darüber und vision = schauen) bei einer beruflichen oder persönlichen Situation des Einzelnen oder der Gruppe aus. Erforderlich ist eine unabhängige fachlich ausgebildete Person, ein neutraler Mediator als Supervisor. Die Inhalte der lösungsorientierten Gespräche unterliegen der Diskretion, sofern nicht ausdrücklich der Auftrag erteilt wird, andere Personen (Eltern, Leitung, Fachdienste, Träger) zu informieren. Supervision dient der Reflexion der eigenen Rolle, sie umfasst in der Kita die Analyse der

- Teamstruktur,
- Gruppenprozesse und
- Beziehungsprobleme.

Diese Beratungsform enthält sich einer gewichtenden Beurteilung und Bewertung. Positive oder negative Äußerungen sind zugunsten einer möglichst neutralen Einschätzung zu vermeiden. (Näheres in Klein 2015, S. 58 ff.)

3.3 Erziehungsdiagnostisches Handeln

3.3.1 Das Sein der pädagogischen Fachkraft ist das erste Wirkende

Kind sein – „ein wunderbares Geheimnis“

In seiner jahrzehntelangen medizinisch-pädagogischen Praxis erkennt Janusz Korczak ein „wunderbares Geheimnis“, nämlich das Sein des Kindes hier und heute, seine Entwicklung, sein eigentümliches Fühlen, Denken und Wollen. Die „Liliputs im Lande der Riesen“ geben aber dem Riesen schier unlösbare Rätsel auf: „Schmerzliche Augenblicke erlebt der Erzieher, wenn er in der Ratlosigkeit des Kindes seine eigene Ohnmacht wahrnimmt.“ (Korczak 1978, S. 103) Wie kann die pädagogische Fachkraft sich in die gemeinsame Situation so einbringen, dass das Kind sie als gleichwertig empfindet und um Hilfe bittet? Das erinnert an Maria Montessoris Erziehungsgrundsatz: „Hilf mir, es selbst zu tun!"

Korczak ist in der dialogischen Handlungssituation bemüht, die Individualität des Kindes wahrzunehmen und sich von diesem Wahrnehmen leiten zu lassen. Er fühlt sich zuständig für das Sein des Kindes hier und heute, für das Recht des Kindes auf die „Erfüllung des Augenblicks". Seine authentische und empathische Haltung kann mit neueren Forschungen vertieft gesehen werden, die das Sein der handelnden Erzieherin ins Zentrum stellen: Neurobiologische Lernforschung, geisteswissenschaftliche Einsichten und pädagogische Erfahrungen weisen mit Nachdruck darauf hin, dass eben das Sein der Erzieherin das Erste ist, das seine Wirkung entfaltet; ihr Tun folgt an zweiter Stelle und schließlich kommt erst das, was sie sagt. (siehe auch Seite 101)

Spiegelneurone, eine fundamentale Beziehungsbasis

Der Neurobiologe Giacomo Rizzolatti und der Wissenschaftsphilosoph Corrado Sinigaglia (Rizzolatti/Sinigaglia 2012) entdeckten im Hirnbereich Nervenzellen, die nicht nur Handlungen, sondern auch Gefühle spiegeln, und nannten sie Spiegelneurone (mirror neurons). Es zeigte sich, dass das Gehirn nicht nur beobachtete Handlungen spiegelt, sondern auch Gefühle. Dadurch erhält der ganze Bereich der Empathie und Sympathie eine ganz neue Bedeutung. Neurone gestatten unserem Gehirn, die beobachteten Bewegungen und wahrgenommenen Gefühle mit unseren eigenen in Beziehung zu setzen und dadurch deren Bedeutung zu erkennen. Beobachtet ein Kind einen Vorgang, dann werden bei ihm Nervenzellen aktiv, und zwar so, als wenn es selbst aktiv wäre. Nervenzellen werden spiegelbildlich aktiv.

Einige Forscher sehen in den Spiegelneuronen den Ursprung für die Entwicklung von Empathie und die Bildung von Sozial- und Sprachkompetenz. Sogar Autismus, eine starke Störung der Beziehung, wird damit erklärt, dass Kinder keine Spiegelneurone entwickeln konnten und sich deshalb nicht in einen anderen Menschen hineinversetzen und kein Verständnis für seine Gefühle und Interessen entwickeln können.

Neurone sind also dann aktiv, wenn eine Handlung bei einer Person erlebt wird. Die erlebte Handlung wird innerlich so nachvollzogen, als ob der Beobachter sie selbst ausführt. Das Kind kann sich in die Gefühle anderer

Menschen so hineinversetzen, dass es den zugrundeliegenden Hirnprozess des jeweils anderen spiegelt.

Beobachtet die Erzieherin das Kind oder das Kind die Erzieherin, dann wird im Gehirn derselbe Bereich aktiv, der auch beim Beobachteten aktiv ist. Das bedeutet: Das Kind spürt und empfindet den Schmerz oder das Leid, die Freude oder die Zufriedenheit der Erzieherin, und umgekehrt spürt und empfindet die empathisch wirkende Erzieherin den Schmerz und die Freude des Kindes. Sieht man beide Aspekte als zwei Seiten der Medaille, dann kann man sagen: Das Kind ist mit dem vom Erziehenden oder von den Erziehenden gestalteten Erziehungsraum leiblich und emotional verbunden. In diesem Raum begegnen sich Menschen als gleichwertige Partner auf gleicher Augenhöhe – ohne negative Zuschreibungen, ohne distanzierte Beschreibungen und Bewertungen.

Die Empathie der Erzieherin darf aber nicht zur Identifikation mit dem Kind führen. Dies würde ja bedeuten, dass sie ihre Aufgabe als situative Begleiterin nicht mehr ausfüllt, das Kind für sich vereinnahmt und dadurch seine Entwicklung behindert.

Spiegelneurone ermöglichen jedem Menschen schon ganz früh, die äußeren Bewegungen und die inneren Beweggründe der begleitenden Person im Gehirn auf neuronaler Ebene zu imitieren. Der Vorgang der Spiegelung ereignet sich simultan, intuitiv und ohne jedes Nachdenken. Von der wahrgenommenen Handlung wird eine interne neuronale Kopie hergestellt, die es dem jeweils anderen ermöglicht, die Handlung auf seine Art und Weise nachzuahmen. (Klein 2012, S. 48 f.)

3.3.2 Beobachten, wahrnehmen, deuten und verstehen

Sobald die pädagogische Fachkraft in der Beziehungssituation handelt, beobachtet sie unwillkürlich das Verhalten des Kindes ebenso wie das Verhalten der Gruppe. Ihr Handeln ist also mit diagnostischem Handeln eng verwoben. Sie ist bemüht, auf fehlerhaftes Verhalten des Kindes möglichst passend zu reagieren. Um aber wirklich passend reagieren zu können, muss sie zunächst versuchen, das Verhalten des Kindes einigermaßen zu verstehen. Und das ist schwierig, denn sie kann nur Vermutungen anstellen, wenn beispielsweise ein Kind, das sich gerade gewaschen hat, plötzlich anfängt zu weinen.

Die pädagogische Fachkraft wird zunächst darum bemüht sein zu fragen, was im Kind, in seinem Denken, Fühlen und Wollen wirklich vor sich geht.

Sie kann fragen:

- Was will das Kind mit seinem Verhalten ausdrücken?
- Was will es mir mit diesem Verhalten sagen?
- Welche Botschaft will es mir vermitteln?
- Was bewegt es gerade zu diesem Verhalten?
- Wie kann ich es mit seinen Problemen wirklich erkennen?

Um auf diese Fragen eine befriedigende Antwort zu finden, ist eine Gliederung des diagnostischen Nachdenkens in Phasen des

- Beobachtens,
- Wahrnehmens,
- Deutens und
- Verstehens

hilfreich. Die Phasen laufen nicht nacheinander ab. Sie gehen ineinander über und ergänzen einander.

Schon beim ***Beobachten*** wird deutlich, dass die (Heil-)Erzieherin nicht alles zur gleichen Zeit beachten kann: die Mimik und Gestik, die Bewegungsabläufe, die Stimme, Sprache und Atmung des Kindes. Sie trifft eine willkürliche oder auch eine unwillkürliche Auswahl. Dabei kann sie Wichtiges übersehen und Nebensächliches hervorheben. Oder sie kann eine Bestätigung ihrer Annahme suchen und finden.

Und beim ***Wahrnehmen*** wird sie dessen gewahr, was sie eben beobachtet hat. Auf dem Hintergrund ihrer Lebens- und Berufserfahrungen, ihrer Kenntnisse, ihres Denkens und Empfindens gibt sie dem beobachteten Verhalten einen Sinn.

Doch wie soll sie das wahrgenommene Verhalten deuten? Es kann mehrere Bedeutungen haben, und die Erzieherin kann zu unzutreffenden oder widersprüchlichen Schlussfolgerungen kommen. Sie wird deshalb versuchen, das beobachtete Verhalten vor ihrem „inneren Auge" wiederholt ablaufen zu lassen und noch einmal zu überlegen, welchen Sinn das Verhalten nun wirklich haben könnte. Vielleicht kommt sie dann zu einer Deutung, die der tatsächlichen Situation des Kindes nahekommt.

Schließlich versucht sie das gedeutete Verhalten zu *verstehen*. Sie wird hier nach den psychischen Bedingungen, aber auch nach den körperlichen und sozialen Bedingungen des ungewöhnlichen Verhaltens fragen. Und sie wird immer wieder noch einmal zurückgehen und noch einmal beobachten, wahrnehmen und deuten, um zu einem „angemessenen und möglichst zutreffenden Verstehen zu kommen." (Sautter 2000, S. 86)

Diese erziehungsdiagnostische Aufgabe ist insbesondere auch bei Kindern mit primär psychosozial bedingten Entwicklungsgefährdungen geboten. Sie stellen die pädagogische Fachkraft vor neue Anforderungen, weil die belastenden Lebens- und Entwicklungsbedingungen häufig erst bei der Aufnahme in die Bildungseinrichtung erkannt werden.

Zwischenergebnis

- Das erziehungsbegleitende diagnostische Handeln ist ein persönlicher Prozess, der sich in jeder pädagogischen Situation neu abspielt und zu keinen eindeutigen und sicheren Erkenntnissen führt.
- Diese pädagogisch-psychologische Diagnostik kann mit dem Arzt Dr. Karl König als „wahre heilpädagogische Diagnostik" bezeichnet werden, die der Erzieherin immer wieder eine neue Aufgabe stellt.
- Da kein Mensch in der Lage ist, von sich abzusehen und den anderen Menschen objektiv (unvoreingenommen, unparteiisch) zu beurteilen, müssen die Beobachtungen mit anderen (heilpädagogisch-therapeutischen Fachkräften, Eltern, Ärzten) kommuniziert und reflektiert werden, um dadurch die Beobachtungs- und Beurteilungsfehler zu reduzieren.
- Und schließlich: Da ein Kind sein Verhalten nach seiner Logik – und nicht nach der Logik des Erwachsenen – bewertet, ist es geboten, mit ihm ins Gespräch zu kommen und mit ihm nach den Ursachen und Gründen für seine Verhaltensbesonderheit zu suchen. Das trifft besonders für hyperaktive Kinder und für Kinder aus sozialen Brennpunkten und in erschwerten Lebenslagen zu.

3.4 Erziehungskunst folgt der Idee des Guten

Der französische Universalgelehrte Blaise Pascal (1623 – 1662) stellte drei Grundregeln für das Wahrnehmen, Begleiten und Überzeugen des anderen Menschen auf, die auch für das pädagogische Begleiten des Kindes bedeutsam sind; sie orientieren sich an der Idee des Guten:

- Erst versuchen, den Geist und das Herz des Kindes zu kennen und zu verstehen. Wenn sich die Erzieherin mit dem Denken, den Wünschen, Neigungen und Interessen des Kindes vertraut gemacht hat, dann hat sie eine Vorbedingung dafür geschaffen, dass sie es gut begleiten kann.
- Den Gegenstand (die Sache, die Aufgabe, das Vorhaben, das Projekt) der

Erziehung ins Auge fassen und ihn mit den Augen des Kindes anschauen. Den Gegenstand so sehen, dass Erzieherin und Kind daran etwas entdecken und erforschen können.

- Dem Kind ermöglichen, sich selbst zur Sache so zu führen, dass es sich durch sie in seinem Herzen und Gemüt angesprochen fühlt und sich mit ihr vertraut machen will. Hier ist das Begleiten vollzogen, und das Kind kann nun seinem Wollen folgen: Das Kind will die Sache, die es fühlt und wahrnimmt, selbst erkunden und entdecken.

Bei der Umsetzung der drei Methoden

* das Kind erst verstehen,
* den Gegenstand wie ein Kind sehen,
* dem Kind ermöglichen, dass es seinen Willen sachbezogen selbst wecken kann,

hat die Erzieherin alles zu beobachten „was sich im Herzen und im Geist" des Kindes vollzieht, „mit dem sie gerade im Gespräch ist." (Meyer 1962, S. 45) Bei dieser Kunst des situativen Beobachtens und Begleitens muss die Sache gegenwärtig sein: Die pädagogische Fachkraft tauscht mit dem Kind nicht nur Worte und Gesten aus. Sie ermöglicht ihm, dass es mit der Sache in Berührung kommt und die Sache selbst aneignen will. Dabei ist es nicht nötig, viel zu sprechen, sondern das zu sagen, was das Kind in seinem Willen bestärkt.

Diese Erziehungskunst hat der Maler Pablo Picasso auf folgende Weise ausgelotet:

„Ich suche nicht – ich finde.
Suchen, das ist das Ausgehen von alten Beständen
Und das Finden-Wollen von bereits Bekanntem.
Finden, das ist das völlig Neue.
Alle Wege sind offen, und was gefunden wird, ist unbekannt.
Es ist ein Wagnis, ein heiliges Abenteuer.
Die Ungewissheit solcher Wagnisse können eigentlich nur jene auf sich nehmen,
die im Ungeborgenen sich geborgen wissen,
die in der Ungewissheit geführt werden,
die sich vom Ziel ziehen lassen
und nicht selbst das Ziel bestimmen."

Durch Erziehungskunst, die ein Wagnis bleibt, nähert sich die pädagogische Fachkraft einem Denken und Handeln, das der Physiker, Philosoph und Friedensforscher Carl Friedrich von Weizsäcker (1912 – 2007) erkannt hat: „In der Kunst haben die Menschen sich ausgesprochen, es hat sich ihnen in ihr, weit über Theorie und Praxis hinaus, offenbart, wer sie waren, aus welchen Kräften sie lebten." (Weizsäcker 1983, S. 326)

Das Nachdenken über diese Grundfragen der Erziehung erweitert und vertieft die pädagogische Professionalität. Und die Fachkraft kann in der Erziehungssituation auf einem sicheren Fundament das Kind in die Ordnungen, Regeln und Rituale des gemeinsamen Zusammenlebens begleiten und leiten. Freilich bleibt ihr Bemühen um ein möglichst situationsgerechtes Handeln ein Wagnis. Der Erziehungserfolg ist ungewiss, er kann gelingen oder scheitern. Die gelungene oder gescheiterte Erziehung ist zu reflektieren, um das methodische Handeln zu verbessern. Dadurch wandelt sich die professionelle Kompetenz zur kreativen Erziehungskunst, zur Fähigkeit, in einer problematischen und unübersichtlichen Situation zu existieren und trotzdem an ihrer Bewältigung zu arbeiten. Durch das Üben dieser Ambiguitätstoleranz kann die ungelöste Situation einer befriedigenden Lösung zugeführt und Resignation überwunden werden.

Dieses Verständnis von Profession ermöglicht ein Weiterschreiten zu dem, was aufgegeben und dem Kind verheißen ist: das gegebene Kind als Aufgabe wahrnehmen. Das zeigt anhand konkreter Beispiele aus dem Alltag der Kindertagesstätte der Inklusionsforscher Klaus Sarimski (2016): Er beschreibt, wie Kinder mit „komplexer Behinderung" (mit schwerer und mehrfacher Behinderung), also Kinder die ihre Arme und/oder Beine nicht bewegen, nicht sprechen oder nicht selbstständig essen, in der Krippe und Kindertagesstätte „soziale Teilhabe" erleben und miteinander wachsen können. Ihre pädagogischen Fachkräfte haben die alltäglichen Denk- und Handlungsweisen, die durch einseitige Wahrnehmung, Voreingenommenheit oder gar Vorurteile und Intoleranz entstanden sind, überwunden. Sie pflegen und vertiefen ihre Erziehungskunst, die der Idee des Guten folgt.

3.5 Praxis achtet die Entwicklung des Kindes

3.5.1 Polaritäten wahrnehmen und dem Kind ermöglichen

Der Kinderneurologe Hans Georg Schlack bezeichnet die Eigenaktivität des Kindes als spontane Freude am Erkunden, Lernen und Handeln. Jedes Kind will Akteur seiner Entwicklung sein. Auch aufgrund der Befunde zur frühkindlichen Deprivationsforschung formuliert er vier „psychische Grundbedürfnisse" (Schlack 2005, S. 42), jeweils zwei bilden dabei ein Gegensatzpaar:

„Bindung und Sicherheit ↔ Autonomie und Eigenaktivität

Berechenbarkeit und feste Regeln ↔ Abwechslung und neue Reize."

Um selbst aktiv zu werden und Neues zu erforschen, ist es nötig, dass zunächst eine sichere Ausgangsbasis vorhanden ist.

Auf die kindliche Eigenaktivität wirken emotionales Interesse, unmittelbare und regelmäßige Rückmeldung sowie reagierendes Verhalten der Erzieherin. Das reagierende Verhalten überlässt dem Kind die Initiative zur Kontaktnahme mit Menschen und Gegenständen, antwortet bestätigend und ermutigend auf initiatives Verhalten. Negativ wirkt auf die Entwicklung des Kindes, wenn es durch das Verhalten der Beziehungsperson in eine passive Rolle versetzt wird, sei es aus Mangel oder Übermaß an Anregung.

Entwicklungsneurologischen Erkenntnissen zufolge können sogar Krankheiten ursächlich damit zusammenhängen, dass Kinder nicht aus eigener Initiative explorieren (untersuchen, forschen). Wird ihnen Lernfreude vorenthalten, dann können sie kein sicheres Selbstwertgefühl aufbauen. Schließlich verlieren sie die Lust am Erkunden und Probieren und gewöhnen sich daran, den passiven Konsum zu genießen. Auf diese Störung der Willenskraft gehen zahlreiche Verhaltensstörungen sowie Aufmerksamkeits- und Konzentrationsstörungen zurück. (Neuhäuser 2010)

Das erkannte bereits die italienische Ärztin und Pädagogin Maria Montessori (1870 – 1952). Sie prägte den Begriff der „Polarisation der Aufmerksamkeit", der als Montessori-Phänomen in die Geschichte der Frühpädagogik einging.

In ihrem ersten Kinderhaus (Casa dei Bambini) im Elendsviertel San Lorenzo in Rom beobachtete Montessori ein etwa dreijähriges Mädchen, das in einem Zustand tiefer Konzentration die Übungen mit einem Zylinderblock über vierzigmal wiederholte, ohne sich auch nur im Geringsten von seiner Umgebung ablenken zu lassen. Sie beschreibt das Phänomen folgendermaßen:

„Der Ausdruck des Mädchens zeugte von so intensiver Aufmerksamkeit, dass er für mich eine außerordentliche Offenbarung war. Die Kinder hatten bisher noch nicht eine solche auf einen Gegenstand fixierte Aufmerksamkeit gezeigt. Und da ich von der charakteristischen Unstetigkeit der Aufmerksamkeit des kleinen Kindes überzeugt war, die rastlos von einem Ding zum andern wandert, wurde ich noch empfindlicher für dieses Phänomen. Ich hatte 44 Übungen ge-

zählt; und als es endlich aufhörte, tat es dies unabhängig von den Anreizen der Umgebung, die es hätten stören können; und das Mädchen schaute zufrieden um sich, als erwachte es aus einem erholsamen Schlaf."

(Montessori, zit. n. Klein 2015, S. 134)

Das Kind

- strahlt innere Ruhe und Zufriedenheit aus,
- erobert sich durch Konzentration seine Welt,
- erkennt die Ordnung der Dinge und ihre Beziehung zueinander in Raum und Zeit.

Das Erkennen der äußeren Ordnung führt zur inneren Ordnung. Bei dieser Wachstumsarbeit braucht das Kind keine äußere Belohnung, keine Bestätigung durch andere. Es ermüdet nicht, bleibt frisch, glücklich und voll Energie.

Die Lernaktivitäten mit (Spiel-)Gegenständen wiederholt das Kind mit großer Freude. Konzentriert und selbstvergessen versenkt es sich in eine Sache und löst sich innerlich von der Umgebung. Diese selbst initiierten Aktivitäten können nicht von außen hergestellt werden, sondern ergeben sich aus der inneren (Willens-)Disposition des Kindes und den äußeren Impulsen.

Das Phänomen der Polarisation der Aufmerksamkeit vereinigt die Pole

- Spontaneität (Aktivität, Handeln) und
- Rezeptivität (Ruhe, Konzentration).

Diese beiden menschlichen Grundphänomene „Spontaneität" und „Rezeptivität" leiteten von nun an Montessoris Forschungen. Sie suchte Übungsgegenstände, die dem Kind die innere Konzentration ermöglichen. Angeregt von Lerngegenständen, die in der französischen heilpädagogischen Praxis bei Kindern mit schweren Behinderungen erfolgreich eingesetzt wurden, entwickelte sie Übungs- und Entwicklungsmaterialien, die in fünf Gruppen eingeteilt werden:

- Übungen des täglichen Lebens: Pflege der eigenen Person und der Umgebung, soziale Beziehungen, eigene Bewegungen kontrollieren;
- Übungen mit dem Sinnesmaterial: unterscheiden, gliedern und ordnen von Farben, Formen, Gewichten, Geräuschen, Gerüchen, Geschmacks- und Wärmequalitäten sowie Materialstrukturen;
- Übungen mit dem Sprachmaterial: Bilder und Laute, bewegliches Alphabet, Buchstaben aus Sandpapier zum Tasten und Vergleichen;

- Übungen mit dem Mathematikmaterial: Perlen in unterschiedlichen Reihen und Anordnungen, numerische Stäbe, Ziffern auf Sandpapier, Messübungen;
- Übungen zur kosmischen Erziehung: Sachkunde, Wissen über die Welt und den Kosmos. (Klein 2015, S. 133)

Die Befunde der Kinderneurologie und Erfahrungen der Montessori-Pädagogik bestätigen Korczaks Kernanliegen: Die Eigenaktivität des Kindes ist die entscheidende Triebfeder seiner Entwicklung. Das bedeutet aber nicht, auf einen aktiven Anteil der Erzieherin an der Entwicklungsförderung risikobelasteter oder behinderter Kinder zu verzichten. Vielmehr kommt es darauf an, die Selbstgestaltungskräfte des Kindes durch Erziehungskunst situationsorientiert zu begleiten und zu unterstützen.

3.5.2 Pädagogik der Achtung begleitet den Lernwillen des Kindes

Es geht nicht um ein Machen durch ausgeklügelte Strategien, sondern um die Kunst des Vermittelns und Einwirkens. Diese Erziehungskunst ist ein Wagnis, denn das Kind hat – aus niemals hinreichend zu erforschenden Gründen – stets die Möglichkeit, sich der Absicht der Heilerzieherin zu entziehen. Erziehung bleibt ein Wagnis. Deshalb wird die Heilerzieherin die Möglichkeit des Scheiterns in der Erziehungssituation bedenken. Und sie wird immer wieder versuchen, die misslungene oder vom Misslingen bedrohte Situation in eine gelingende zu wandeln: durch ein intuitiv künstlerisch-schöpferisches Handeln, das die folgenden Beispiele aus der Resilienzforschung nahelegen.

Annie, ein Mensch mit schwerer körperlicher Beeinträchtigung

Ein bewegendes Beispiel schildert Ursula Haupt: *„Annie McDonald ist eine motorisch schwerstbehinderte Frau, die in den ersten Lebensjahren bei ihrer Familie in Australien lebte. Im Alter von drei Jahren kam sie in ein entfernt gelegenes Heim. Dort lebte sie bis zum 18. Lebensjahr unter extrem ungünstigen Bedingungen. Pflege und Ernährung waren völlig unzureichend. Es gab keine angemessenen Anregungen oder Förderungen. Der Umgang der Pflegekräfte mit den Kindern war zum Teil sehr lieblos. Das Personal schätzte Persönlichkeit und Intelligenz der betreuten Kinder grob falsch ein. Die Kinder hatten keine Möglichkeit, außerhalb des Heims Erkundungen und Erfahrungen zu machen. Annie entwickelte mit den anderen Kindern, die ebenfalls nicht spielen konnten und motorisch extrem behindert waren, Formen der Verständigung und des Austauschs.*

Im Alter von 18 Jahren hatte Annie noch Größe und Gewicht eines Kleinkindes. Ihre psychische Situation im Heim änderte sich, als R. Crossley anfing, mit ihr zu arbeiten und sich auch auf eine Beziehung mit ihr einließ. R. Crossley war schnell von Annies Intelligenz und Lernwillen überzeugt. Sie half ihr, ihre Kommunikation weiterzuentwickeln und Kenntnisse in verschiedenen Wissensbereichen zu erwerben. Schließlich erreichten beide, dass Annie zu R. Crossley ziehen durfte. Annie hatte sich in all den bitteren Jahren ihre innere Stärke und Widerstandskraft erhalten können. Sie konnte sich jetzt schnell und gut weiterentwickeln. Als sie gemeinsam mit R. Crossley das Buch über ihr Leben und ihre Erfahrungen schrieb, besuchte sie die Universität und studierte Geisteswissenschaften. Niemand im Heim hätte ihr das je zugetraut. Dort hatte sie als schwer geistig behindert gegolten." (Haupt 2006, S. 37 f.)

Ursula Haupt kommentiert: „*Fachkräfte sind manchmal in der Gefahr, zu sehr die Schwierigkeiten und Entwicklungshindernisse zu sehen, und sich auf diese Weise mit den Behinderungen gleichsam zu verbünden. Dann geht der Blick für reale Kompetenzen und innere Stärken wie in einer Abwärtsspirale aus realen Schwierigkeiten und eher negativen Sicht- und Interpretationsweisen, die die bestehenden Schwierigkeiten verstärken, verloren. Das Wissen um Resilienz- und Schutzfaktoren kann helfen, die Bewegung der Aufwärtsspirale mit Schaffung günstiger Entwicklungsbedingungen, Bezogenheit und Vertrauen immer wieder zu wagen.*" (Haupt 2006, S. 38)

Annie war dank ihrer Resilienz, ihrer psychischen Widerstandskraft fähig, weitgehend unbeschadet mit den Folgen belastender Lebensumstände umzugehen. Sie entwickelte zunächst allein und dann mithilfe ihrer Therapeutin Rosemarie Crossley Bewältigungskompetenzen, die ihr eine positive Entwicklung ermöglichten. Crossley hat durch ihre therapeutische Erziehungskunst, durch ihr intuitiv künstlerisch-schöpferisches Handeln, der körperlich schwer beeinträchtigten Frau durch stabile emotionale Beziehungen und positive Erfahrungen beim Lernen das Erleben eines guten Selbstwertgefühls und positiven Sozialverhaltens sowie einer Selbstwirksamkeitsüberzeugung ermöglicht.

Für das emotional beeinträchtigte Kind als Resilientin da sein

Der Mensch als soziales Wesen ist lebenslang auf Nähe, Zuwendung und Bestätigung durch Mitmenschen angewiesen. Die ersten Bindungserfahrungen beginnen schon in der Schwangerschaft. Das Kind spürt bereits im Mutterleib, ob es erwünscht ist und freudig erwartet wird oder ob Belastungen oder unverarbeitete frühere Erlebnisse der Mutter vorliegen. Sie überträgt diese Stimmungen in Form hormoneller Botenstoffe auf das Kind. Diese frühen Erlebnisse im Mutterleib und in den ersten drei Lebensjahren prägen das weitere Leben. Das sogenannte Urvertrauen, verbunden mit dem Gefühl der Sicherheit, und die Fähigkeit, sich in die Lage eines Mitmenschen hineinzuversetzen, haben nach Untersuchungen der Entwicklungspsychologen Erik Erikson und René Spitz zum Hospitalismus ihren Ursprung in der zwischenmenschlichen Beziehung zu den engsten Bezugspersonen während der Kindheit. Das Erfahren dieses Grundvertrauens (basic trust) besonders im ersten Lebensjahr ermöglicht die Entwicklung einer kreativen Persönlichkeit, die zu einer (ge-)rechten Einstellung zu sich selbst und zur Welt führt.

Nur etwa die Hälfte der deutschen Bevölkerung hat die eigene Kindheit unter diesen Bedingungen erlebt und wird von Bindungsforschern als „sicher-gebunden" bezeichnet. Kinder, die sich „sicher-gebunden" fühlen, haben ein gesundes Selbstwertgefühl, kennen die eigenen Bedürfnisse, sind in Krisenzeiten weniger anfällig für schwere psychische und körperliche Erkrankungen. Sie wissen um ihre eigenen Kompetenzen und versuchen diese im häuslichen Lebensraum und in kleine Gruppen einfließen zu lassen. Und sie sind gerne bereit, anderen Menschen zu helfen.

Menschen, bei denen die Bedingungen in der frühen Kindheit nicht so günstig waren, fällt es oft schwerer, sich selbst zu spüren. Sie sind anfälliger für Stress und können sich in die Gefühlslage anderer Menschen nicht gut hineinversetzen. Sie bemühen sich dann in der Beziehungssituation, „sich etwas anderes einfallen zu lassen", und verlieren immer weiter den Zugang zu den eigenen ursprünglichen Bedürfnissen und versuchen, seelisch zu überleben.

Geboten ist, die Bedürfnisse und Kompetenzen von Beginn an möglichst situationsgerecht zu unterstützen: Wie diese Unterstützung erfolgen soll, das hat der englische Kinderarzt und Psychoanalytiker Donald W. Winnicott an Kindern mit gefährdeter Entwicklung untersucht (Winnicott 1974, 1976, 1984): Die ursprüngliche Interaktion zwischen dem Kind und seiner Umgebung besteht darin, dass sich das Kind von der Umgebung getragen und gehalten fühlt. Es ist mit ihr eins. In dieser kommunikativen Situation macht es seine spontanen Bewegungen, die ein Zeichen seiner ursprünglichen Lebendigkeit sind. Die „gute Umgebung" spürt das Kind zum Beispiel beim Darbieten der Brust der „hinreichend guten Mutter". Das Kind nimmt die Brust als etwas an, das ihm entspricht. Hier kommt der spontanen kindlichen Geste die antwortende mütterliche Fürsorge entgegen.

Die Umwelt muss aber dem Kind in zweifacher Weise entsprechen: Sie muss die spontanen Gesten abwarten und dann der Spontaneität fürsorglich entgegenkommen. Auf diese Weise gibt sie dem Kind äußeren Halt und Geborgenheit, und es kann seinen „inneren Halt" (Moor) aufbauen. Wird hingegen diese fördernde Umwelt nicht geschaffen, dann gibt sie der Spontaneität keinen Raum, sie geht ins Leere.

Die Fürsorge der Mutter oder Erzieherin schließt ein Versagen des Kindes nicht aus. Gelingt es, der Spontaneität des Kindes Raum zu geben und dem spontanen Äußern wohlwollend zu begegnen, wird das Kind beispielsweise die Antwort der Mutter, auch wenn diese Antwort Momente von Versagung enthält, ohne eine Beeinträchtigung seines Selbstwertgefühls akzeptieren können, und zwar eben deshalb, weil es zuvor die Möglichkeit hatte, sich selbst als spontan und lebendig zu erfahren. Kommt nun aber die Umwelt den spontanen Gesten des Kindes zuvor, dann bleibt das kindliche Fühlhorn – in analoger Weise wie das Fühlhorn der Schnecke – eingezogen. Das Kind kann nur *re*agieren.

Nach Winnicott wird das Kind in seinen Aktivitäten bereits dann beeinträchtigt, wenn es bedrängt wird, selbst spontan aktiv zu werden. Auf eine aufgenötigte Aktivität kann es nur reagieren. Es wird zurückgedrängt und lebt dann nicht mehr aus sich selbst. Das führt „zu einem Verlust des Selbstwertgefühls; dieses wird nur durch eine Rückkehr in die Isolierung wieder gewonnen" (Winnicott 1976, S. 116) – und das Kind fängt an, ein falsches Selbst zu entwickeln.

Die Entwicklung des Selbstwertgefühls ist also auf zwischenmenschliche Beziehungen angewiesen, die von Liebe und Achtsamkeit, Zuverlässigkeit, Vertrauen und Authentizität getragen sind und „Gleichwürdigkeit" (Juul 2016) realisieren: Nicht Gleichheit, wohl aber Gleichwürdigkeit ist auch nach dem dänischen Psychologen und Familienberater Jesper Juul für die heutige Früherziehung der Schlüsselbegriff einer gesunden sozialen Beziehung zwischen Erwachsenen und Kindern. Durch diese würdevolle Haltung können die oft kräftezehrenden Machtkämpfe in der Beziehungssituation und alte Strukturen der Unterwerfung in der Erziehungssituation von vornherein vermieden werden. Der Schlüssel zum situationsgerechten Erziehungserfolg und Aufbau des „wahren Selbst" sind also klare Beziehungsstrukturen, eindeutige Signale und Beziehungen, die auf emotionaler Nähe basieren und das Kind nicht für eigene Zwecke vereinnahmen.

Mit diesen psychoanalytischen Einsichten zur frühen seelisch-geistigen Entwicklung mahnt Winnicott die Erwachsenen: Sie dürfen das Kind nicht zur Unterordnung und Fügsamkeit erziehen. Winnicott fordert sie auf, für das Kind Gelegenheit zum spontanen Handeln zu schaffen und ihm zu helfen, seine Schätze, die in den Kulturgütern enthalten sind, selbst zu finden.

Die pädagogische Fachkraft hat also dem Kind Möglichkeiten dafür zu schaffen, dass es

- selbst etwas spontan hervorbringen und gestalten kann (wie Rhythmen, Bewegungen, Malen, Kneten, Schneiden, Spiele, Geräusche, Töne, Worte),
- selbstbestimmt und mit sich übereinstimmend lernen kann.

Dabei wird sie auch erfahren, dass ein Kind mit einem Lerngegenstand spontan anders umgeht, als sie intendiert hat oder das Lernziel vorgibt. Die vornehmste Aufgabe der (Heil-)Erzieherin ist es, das spontane Handeln des Kindes mit diskreter Aufmerksamkeit und Anteilnahme zu begleiten, dem

Kind bei Bedarf Hilfe zu leisten und seiner Spontaneität den notwendigen Schutz und Halt anzubieten. (Klein 2015, S. 228)

Aufmerksam auf die Ressourcen und Stärken des Kindes schauen

Die um Professionalität bemühte Fachkraft wird sich als Resilientin des Kindes verstehen und ihre Aufmerksamkeit auf die Ressourcen und Stärken des Kindes richten, ohne dabei die Entwicklungsprobleme zu ignorieren. Vor allem aus amerikanischen Studien geht hervor, dass entwicklungsgefährdete Kinder in Armut und Benachteiligung durch Förderung im Früh- und Elementarbereich im späteren Leben eine hohe Motivation und Selbstdisziplin und ein größeres Selbstbewusstsein und Selbstvertrauen zeigten, als Kinder, die nicht gefördert wurden. Ihre Erfolge erklärten sich nicht aus der Höhe des IQ, sondern daraus, dass sie etwas bewirken und aus ihrem Leben machen konnten. Bei den Untersuchungen wurden drei grundlegende Bausteine erkannt, die Resilienz stützen (Klein 2012, S. 49 ff.):

- eine sichere und haltgebende Basis, in der das Kind ein Gefühl der Zugehörigkeit und Sicherheit erlebt und sich neugierig mit seiner Umgebung auseinandersetzen kann;
- eine gute Selbstwertschätzung, die durch Erfahrungen, etwas für sich und für andere tun zu können, gewonnen wurde (Selbstvertrauen durch Kompetenzerfahrung);
- ein Gefühl der Selbstwirksamkeit: etwas realitätsbezogen bewirken und dabei die persönlichen Stärken und Grenzen einschätzen können.

Diese drei Bausteine lassen sich aus der Perspektive des resilienten Kindes folgendermaßen umschreiben (Weiß 2009, S. 15):

- „ICH HABE: ‚Ich habe Menschen, die mich gern haben, und Menschen, die mir helfen.' (sichere Basis);
- ICH BIN: ‚Ich bin eine liebenswerte Person und respektvoll mir und anderen gegenüber.' (Selbstwertschätzung);
- ICH KANN: ‚Ich kann Wege finden, Probleme zu lösen und mich selbst zu steuern.' (Selbstwirksamkeit)"

Hier machen vor allem hyperaktive und emotional beeinträchtigte Kinder in Armuts- und Benachteiligungssituationen die Erfahrung, dass sie der Situation nicht ausgeliefert sind, sondern diese selbst gestalten und verändern können. Die fundamentale Kompetenzerfahrung ermöglicht ihnen, ein Vertrauen in ihre eigenen Fähigkeiten und Leistungen zu entwickeln.

Dem Kind Selbstwirksamkeit ermöglichen und Halt geben

In der Praxis wird die „gute" Fachkraft als verlässlicher Partner dem Kind zeigen, wie es Konflikte aktiv lösen und Probleme bewältigen kann. Sie wird seine Eigenaktivität fördern und ihm das Gefühl geben, selbst wirksam sein zu können und die eigene Kontrolle über seine Entscheidungen zu haben, für die es auch Verantwortung übernehmen kann. Bei diesem individualisierenden pädagogischen Handeln wirkt die pädagogische Fachkraft besonders bei emotional gefährdeten und entwicklungsgefährdeten Kindern präventiv: Sie ermöglicht dem Kind mit Behinderung das Erlebnis von Selbstwirksamkeit. Hier gibt sie durch ihren äußeren Halt den Kindern inneren Halt.

Die heilende oder ganzmachende pädagogische Praxis bei Kindern mit emotionalen Störungen, mit Bindungs- und Beziehungsproblemen zeigt, was die Kinder in der unmittelbaren Handlungssituation durch die haltgebende Fachkraft brauchen:

- Als Erstes und Wichtigstes brauchen sie einen Menschen, der sie und ihre Probleme mit dem größten Respekt behandelt. Allein durch diese Haltung der Achtung des Kindes in seiner Eigenart kann es sich akzeptiert und eingeladen fühlen, Versäumtes nachzuholen, sich selbst zu helfen und seine Entwicklung zu normalisieren.
- Sie brauchen Sicherheit, Bestätigung und Beruhigung. Die Erzieherin soll sensibel für die Bedürfnisse und Bedarfe des Kindes sein. Schon allein durch diese Sensibilität und emotionale Bereitschaft verringern sich oft die auslösenden Probleme beim Kind. Es wird ruhiger und konzentrierter.
- Und sie brauchen eine Basissicherheit durch klare Strukturen und eine rhythmische Gestaltung des Tageslaufes. An diesen räumlichen und zeitlichen Strukturen können sich die Kinder orientieren. Sie geben ihnen Halt, bauen ihr Selbstvertrauen und ihre Selbstständigkeit auf.
- Beim Begleiten von Kindern mit Bindungs- und Beziehungsproblemen ist es wichtig, die Balance zu finden, einerseits Sicherheit und eine feste Basis zu bieten und andererseits zu fordern und freizulassen.
- Darüber hinaus ist für die Elternberatung zu beachten, welche Bedingungen für das Kind von Beginn an notwendig sind, damit sich in ihm Resilienz bilden kann: Schon während der Schwangerschaft bekommt das Kind auf hormonellem Weg emotionale Botschaften. Es spürt im Mutterleib, ob es erwünscht ist oder unter ambivalenten Bedingungen

aufwachsen wird. Diese frühen Erfahrungen prägen das ganze weitere Leben. Sind die Entwicklungsbedingungen nicht günstig, kann dies zu einer eingeschränkten Organ- und Hirnbildung und zu geringeren synaptischen Verschaltungen führen. Kinder, die mit unsicheren Bindungspersonen aufwachsen, sind nach Erkenntnissen des Bindungsforschers John Bowlby (2014) und des Hirnforschers Gerald Hüther (2014) anfälliger für Stress. Sie haben ein geringeres Selbstwertgefühl und benötigen

- empathische und einfühlsame Eltern und Begleiter, die fähig sind, die Signale des Kindes zu lesen;
- eine fehlerfreundliche Atmosphäre, in der auch die Fehler des Kindes geachtet werden, es weiter bestärkt und bei der Lösungsfindung unterstützt wird;
- einen geschützten Raum, in dem es sich geborgen fühlt, neue Erfahrungen sammeln und seinen Erfahrungsspielraum erweitern kann;
- eine wertschätzende Haltung aller Bindungspersonen, die achtsam miteinander umgehen, Konflikte offen aussprechen und miteinander Lösungen entwickeln. (Fröhlich-Gildoff/Ronnau-Böse 2015) Diese haltgebende Praxis wurde in Korczaks Kinderheim gepflegt.

Für das durch Medien gefährdete Kind resilient wirken

Heute dringt die virtuelle Welt schon in das Kinderzimmer ein, wenn beispielsweise eine Mutter mit ihrem Kind abends über Skype kommuniziert und ihm – ohne Blickkontakt – ein Gutenachtlied vorsingt. Und die ungezählten lustigen wie spaßigen Medieninhalte, die von Kindern beschleunigt konsumiert werden, verknappen die Zeit für das notwendige spielerisch-ganzheitliche Lernen mit „Kopf, Herz und Hand". (Pestalozzi) Das Kind eilt von einem Spaßerleben zum anderen. Es bleibt in seinem Inneren leer, nicht ausgefüllt. Sein schöpferisches Lernen verkümmert. Kinderärzte sprechen von „digitaler Körperverletzung" mit allen seelisch-geistigen Folgen für die Entwicklung. Kann sich das, durch diese virtuelle, „sprachlose" Welt „früh bespaßte" Kind noch in die Ordnung der wirklichen Welt einleben und sich mit ihr hinreichend auseinandersetzen? Falsch wäre es, ein Smartphone-Verbot zu verhängen. Geboten ist ein bewusster Umgang mit der medialen Welt, der die Erwachsenen in die Pflicht nimmt, die Kinder rechtzeitig zur Medienkompetenz zu führen (siehe http://www.medienratgeber-fuer-eltern.de).

3.5.3 Pädagogik der Achtung folgt den Impulsen des Kindes

Bei Kindern mit schwerer Behinderung die Entwicklungsschritte wahrnehmen

Bei schwerbehinderten Kindern ist die Abfolge der Entwicklungsschritte analog der bei nicht behinderten Kindern. Die spontan gewählte Tätigkeit ist ein guter Indikator für das Erfassen des Entwicklungsstandes und der Kompetenz des Kindes. *„In der grundlegenden Entwicklung macht der Versuch keinen Sinn, mit dem Kind gesellschaftlich erwünschte Kompetenzen einzuüben, das heißt Zielvorstellungen zu trainieren. Nach heutigem Wissen von Entwicklung ist es nur sinnvoll, die eigenen Impulse des Kindes so zu unterstützen, dass das Kind gute Bedingungen für seine Entwicklungsschritte erlebt. Auf diese Weise kann es die ihm mögliche Entwicklung tun. Der Weg erschließt sich im Gehen. Das heißt, das, was ein Kind schlussendlich erreichen kann, über welche Kompetenzen es letztlich verfügen kann, ergibt sich im Verlauf seiner Entwicklung. Das kann nicht vorher prognostiziert oder gar festgelegt werden."* (Haupt 2006, S. 39 f.)

Beispiel

Ursula Haupt beschreibt das Bild eines 11-jährigen Jungen mit körperlicher Behinderung, der von klein auf funktionsorientierte Therapie und Förderung – rund um die Uhr – erhalten und sein Selbst verloren hat: *„Sechs Jahre lang wurde das Kind mit einer speziellen Bewegungstherapie, der sogenannten Vojta-Methode behandelt, und drei Jahre zusätzlich mit der Bobath-Methode. Außerdem erhielt er fünf Jahre Sprachtherapie und zwei Jahre Ergotherapie. Und schließlich – neben weiteren Therapien – gleichzeitig mehrere Jahre Schwimmtherapie und Reittherapie. Der Junge kann kurze ebene Strecken alleine gehen und benutzt auch den Rollstuhl. Mühsam schreibt er mit der Hand, lehnt PC oder Schreibmaschine ab. Er spricht gut verständlich. Er besucht die 4. Klasse einer Grundschule."*

Ein Therapieerfolg? Oder doch nicht? Er zeichnet sich als Roboter – ferngesteuert, programmiert und programmierbar – ohne eigene Impulse und Handlungsfähigkeit. Und wie steht es mit seiner Beziehungs- und Zuwendungsfähigkeit? *„Ein wesentlicher Teil ist noch eingekapselt in elementare, heftige Wut über den Verlust seiner selbst, seiner ureigenen Lebendigkeit durch Fremdbestimmung. So hat er unten Klötze, mit denen er alles zermalmen kann."* (Haupt 1998, S. 101 f.)

Ein Kind mit körperlicher Behinderung zeichnet sich als Roboter

Das Beispiel zeigt: Die Funktionalisierung durch spezielle Methoden ignoriert die Bedürfnisse des Kindes. Sie steht dem Aufbau der Selbstbildung völlig entgegengesetzt gegenüber. Das Kind soll als Behandlungsobjekt funktionieren! Dadurch wird das Entwickeln eines positiven Selbstkonzepts und einer Selbstwirksamkeitsüberzeugung ganz zentral beeinträchtigt. Das Kind wird am Prozess seiner sozialen und personalen Entwicklung sekundär behindert. (Klein 2015, S. 226)

Sprachverständnis wahrnehmen

Nach Befunden der Entwicklungswissenschaften verfügt bereits das neugeborene Kind über Sprachverständnis. Die Therapeutin Szejer, die auf einer Entbindungsstation arbeitet, wird um Hilfe gebeten, weil ein Kind erhebliche Entwicklungsstörungen hat, „die durch psychische Konflikte mit verursacht sein können." Sie berichtet über ihre Arbeit mit dem zwei Tage alten Mädchen Karina: „Karina trinkt nicht und verliert in Besorgnis erregender Weise an Gewicht. Die Hebamme befürchtet, dass das Kind sterben wird. Die Mutter ist äußerst besorgt. Sie hat vor Jahren einen kleinen Jungen bei der Geburt verloren und hat Angst, dass auch Karina stirbt." Als Szejer in das Zimmer kommt, „liegt Karina im Bett der Mutter, die ‚in Tränen aufgelöst ist'. Sie sieht in Karina ihren toten Sohn und weiß sich nicht zu helfen." (Haupt 2006, S. 51) Szejer möchte dem Kind erklären, dass ihm offenbar der Platz in der Familie verwehrt ist, weil um das erste Kind nicht wirklich getrauert wurde. Sie sagt zu Karina: „Deine Eltern wussten nicht ein noch aus, vor lauter Angst, dass du nicht leben würdest, so wie damals dein Bruder. Aber du bist anders als dein Bruder, du hast dich entschieden, zur Welt zu kommen. Ob du auch weiter leben willst, weiß ich nicht – wenn du dich dafür entscheidest, dann musst du trinken, damit du wachsen kannst. Du hast die Wahl, aber du sollst wissen, dass deine Eltern alles tun wollen, um dir zu helfen." Dann ermutigt sie die Mutter zum Körperkontakt mit dem Kind, damit es die Sicherheit und Unterstützung bekommt, die es braucht. „Die von der Ärztin vorgesehene Zwangsernährung braucht nicht durchgeführt zu werden, da Karina sich knapp eine Stunde später von der Mutter nähren lässt und die Krise überwindet." (Haupt 2006, S. 51)

Kompetenzen von Beginn an wahrnehmen

Das Neugeborene verfügt bereits über zahlreiche Kompetenzen. Es erkennt die Mutter am Geruch und kann ihre Stimme von anderen unterscheiden. Es schaut Personen an und hat großes Interesse an Gesichtern. *„Es lässt sich durch Hören des mütterlichen Herzschlags, durch Hören der vertrauten Stimme, durch Aufnehmen, Streicheln, Körperwärme und Stillen beruhigen. Neugeborene reagieren auf sprachliche Laute anders als auf andere Töne. Sprachliche Laute sind von besonderem Interesse. [...] Kinder können schon nach der Geburt im Sprechfluss rhythmische und klangliche Merkmale (Silbenstrukturen, Betonungsmuster) unterscheiden. Sie ziehen die Strukturmuster ihrer Muttersprache denen einer anderen Sprache vor."* (Haupt 2006, S. 53) Die Entwicklungspsychologen sehen darin *das* Ergebnis vorgeburtlichen sprachrelevanten Lernens. Das Neugeborene hat also bereits ein Grundgefühl, das im Leiblichen verankert ist und sich als Freude, Angst, Schmerz, Wut oder Ärger äußert.

Neurowissenschaftlichen und genetischen Forschungen zufolge haben Aufmerksamkeitshaltung, Denkentwicklung und Lernen in der vorgeburtlichen Lebenszeit ihren Ursprung. Für Eric R. Kandel, Psychiater und Biologe, der für seine Hirnforschungen den Nobelpreis für Medizin und Physiologie erhielt, liegt die Basis dieser Entwicklung in den Reifungs- und Austauschprozessen, die Gene und neuronale Schaltkreise im Gehirn strukturieren. Die geistige

Entwicklung des Neugeborenen ist also das Ergebnis von Evolutionsprozessen, die in den Genen gespeichert sind. (Kandel 2006a) Kandel verbindet in seinen Werken persönliche und wissenschaftliche Erfahrungen und überwindet die alte Trennung von Körper und Geist. Er lädt zu einer Entdeckungsreise ein. Wir nehmen das Entstehen einer neuen Wissenschaft des Geistes wahr, die in den biogenetischen Strukturen des Menschen verankert ist. (Kandel 2006b) Hier eröffnen sich ganz neue Perspektiven für die Erziehungskunst, für das dialogische Begleiten der Kinder mit sehr schweren Behinderungen.

Unterscheidung zwischen Personen- und Dingwelt wahrnehmen

Für das neugeborene Kind existieren zwei Welten, die Welt der Personen und die Welt der Dinge, auf die es unterschiedlich antwortet: Auf Menschen reagiert es entspannt und mit lebhafter Mimik, mit Lippen- und Zungenbewegungen, mit Lauten und Lächeln. Gegenstände werden als Informationsquelle behandelt, lange, konzentriert und angespannt betrachtet, „bis es sich plötzlich abwendet". (Haupt 2006, S. 58)

Bindung und Beziehungsgestaltung achten

Streichelt eine Mutter ihr Kind, wenn es nicht danach verlangt, dann kann es das als störenden Eingriff empfinden. Aber eine feinfühlende oder „hinreichend gute Mutter" (Winnicott) wird seine gesamte Entwicklung nachhaltig unterstützen, seine emotionalen und sozialen Kompetenzen stärken. Reagiert die Bezugsperson nicht auf das elementare Bedürfnis nach sicherer Zuwendung, dann „gerät das Kind in große Schwierigkeiten. Es weint bis zur Erschöpfung, wendet sich ab, resigniert oder hört auf, seine Gefühle auszudrücken und mitzuteilen. Das Kind fühlt sich im Stich gelassen und verletzt. Macht es immer wieder solche Erfahrungen, entwickelt es unsichere Bindung oder Bindungsstörungen." (Haupt 2006, S. 93)

Wir können drei grundlegende Bindungsstörungen unterscheiden:

1. „Ein *unsicher-vermeidendes Kind* zeigt seiner Bezugsperson nicht mehr, wenn es Angst hat oder Trennungsschmerz empfindet. Es tut so, als sei alles in Ordnung, auch wenn es innerlich unter erheblichem Stress steht.
2. Eine *unsicher-ambivalente Angstbindung* entsteht, wenn das Kind nicht weiß, wie es mit seinen Bezugspersonen dran ist. Mal ignorieren sie es, mal überschütten sie es mit Zuneigung. Die Grundangst dieser Kinder ist, vergessen zu werden. Trennungen können sie kaum verkraften.

Kümmert sich dann die Bezugsperson um sie, reagieren die Kinder oft abwehrend und aggressiv.

3. Bei *desorientierter Bindung* zeigen die Kinder in Konfliktsituationen mitunter stereotype motorische Verhaltensweisen. Manchmal sind sie dann eine Zeit lang wie erstarrt. Sie kommen an die Grenze ihrer Verarbeitungsmöglichkeiten und wissen nicht, wo es überhaupt noch Sicherheit gibt." (Haupt 2006, S. 93)

3.5.4 Zusammenfassende Grundsätze für das achtsame Begleiten

Die Korczak-Pädagogik der Achtung nimmt das Verhalten und Handeln des Kindes aufmerksam wahr. Sie kann es nicht von seiner Vergangenheit her auf feste Ziele hin entwerfen, sie kann es nicht, das sei nochmals betont, „kneten oder ummodeln" (Korczak), sondern vielmehr das – noch verborgene oder verdrängte – Gute hier und heute im Kind freilegen und ihm so die Chance der Selbstannahme in der Gegenwart geben.

Die achtsam handelnde Erzieherin wird sich um eine inklusive Gestaltung des Erziehungs-, Bildungs- und Betreuungsraumes bemühen, die folgende Grundsätze beachtet:

- Jedes Kind will von Beginn an einen geordneten, verlässlichen und sicheren Erfahrungs-, Erziehungs- und Bildungsraum, in dem es sein Können erproben und üben kann.
- Jedes Kind will sich aus eigener Kraft in den gemeinsam gewählten Tages- und Wochenrhythmus sowie in die gemeinsam verantwortete zeitliche und räumliche Strukturierung einbinden.
- Jedes Kind will klare Regeln und Absprachen, es will sich daran beteiligen, sie mitverantworten und sich so weit wie möglich auch daran halten.

3.6 Praxis der Spiel- und Lernkultur in der inklusiven Kindertagesstätte

3.6.1 Esthers Geheimnis

Korczak konnte stundenlang auf einer Bank im Park sitzen und Kinder beim Spielen beobachten. Ihm fiel auf, dass jedes Kind anders spielt. Wie spielt es? Das wollte er genau wissen und untersuchen. So blieb er auf der Suche nach neuen Erkenntnissen.

Im Buch „Verteidigt die Kinder!" erzählt Korczak die Geschichte von „Esthers Geheimnis" (Korczak 1978, S. 131 ff.): Esther geht immer wieder gern zum Großvater in die Stube. „Bekommt sie vom Großvater Bonbons oder ein Butterbrötchen oder Limonade?" Er arbeitet und spricht wenig. Kaum sitzt sie einige Minuten bei ihm, dann sagt er gleich: „Geh mit den Kindern spielen." Korczak erzählt weiter, dass im Hof und überall die gleichen Spiele gespielt werden, „die Jungen stören genauso, und die Mädchen zanken sich wie anderswo. Es ist halt so."

„Einmal spielte Esther Schule. Die eingebildete Ruth war die Lehrerin. Esther wollte auch Lehrerin sein. Da fing Ruth an zu lachen. – ‚Was? Du Lehrerin? In solch einem zerrissenen und schmutzigen Kleid, in geflickten Schuhen? – Du wirst die Bettlerin und nicht die Lehrerin sein.' Esther fühlte sich beleidigt, ging gleich in Großvaters Stube und setzte sich auf den wackligen Stuhl [...]. Und erst nach einer Weile: – ‚Geh spielen. Hier ist es staubig.' [...] Er ist immer so: erst denkt er lange nach, dann spricht er leise, wie zu sich selbst; nicht einmal zu Esther, nur im Selbstgespräch: – Niemand weiß, was noch wird: ob er einmal reich oder arm sein wird. Das ist ungewiss. Einem gehört heute alles, und morgen kann er alles verlieren. [...] – Und obwohl Esther die Mutter liebt und sich vor ihr ängstigt und immer brav sein möchte, läuft sie immer wieder zum Großvater. Denn Esther hat ein Geheimnis [...]:

Esther möchte Kind sein. Das ist ihr Geheimnis. [...] – Esther möchte wie andere Kinder spielen, möchte kindliche Sorgen haben und sich auch mit Kameradinnen streiten und sogar weinen, wenn es sein muss, und so ist es halt, dass der Mensch sich mal wohl fühlt, dann wieder schlecht, wie der Großvater sagt, einmal lustig, dann traurig; aber dann möchte Esther auch kindliche Tränen weinen. Denn, sagt der Großvater, einmal leidet der Mensch, weil er selbst schuldig ist, ein andermal, obwohl er unschuldig ist. Esther kann doch nichts dafür, dass sie noch ein Kind ist."

In seinem Buch „Chaos und Autonomie in der Erziehung" sagt Otto Speck zum Schluss, dass seine „etwas umständlich klingenden Gedanken sich auch einfacher formulieren lassen." (Speck 1997, S. 217) Er lässt sein Plädoyer für das „oberste Gut", für „das Menschliche im Menschen" mit Korczaks Geschichte „Esthers Geheimnis" ausklingen. Die sensible Erzählung lädt zum sorgfältigen Nachdenken über Beziehungs- und Erziehungsfragen ein.

Lassen wir die Geschichte „Esthers Geheimnis" in ihrem symbolischen Gehalt auf uns wirken, dann erkennen wir, dass Korczak aus dem Munde des Mädchens das Geheimnis der guten Erzieherin beschreibt:

- Was ist in der Beziehungssituation das Wesentliche? Wie können wir uns darauf konzentrieren?
- Wie kann ich in dieser dialogischen Situation authentisch (echt, ehrlich, glaubwürdig) bleiben?
- Schaffe ich es, dem Kind aufmerksam zuzuhören und zuzusehen, was es hier und jetzt tut, sieht, fühlt und will?
- Nehme ich an seinen Gedanken, Gesten und Blicken einfühlend teil?
- Wie kann ich im Alltag mit wenigen klaren Worten auf die Sorgen und Nöte des Kindes eingehen oder auch die Lebensrealität des Kindes durch schweigendes Zustimmen anerkennen?
- Wie kann ich einen ehrlichen Umgang mit guten und schlechten Erfahrungen pflegen?
- Bin ich fähig, mein Ich zu fühlen und mich selbst zu erfahren? „Wer [...] wirklich sein Ich, sein Selbst fühlt, der erfährt sich als Zentrum seiner Welt, als den wahren Urheber seines Tuns." (Fromm 2000, S. 149)

3.6.2 Fredi Saal auf Esthers Spur

„Esthers Geheimnis" veranschaulicht Fredi Saal, ein Mensch mit schwerer körperlicher Behinderung, der zweimal amtlich für bildungsunfähig erklärt worden ist und elf Jahre in einer Heil- und Pflegeanstalt für geistig Behinderte lebte. Es gelingt ihm, über einige mühsame und mutige Umwege das Heimleben hinter sich zu lassen, ein eigenständiges Leben aufzubauen, die ihm zustehende Bildung autodidaktisch nachzuholen, zeitweise berufstätig zu sein. Parallel gründet er eine Gruppe für junge Menschen mit und ohne Behinderungen, wird nach und nach zum Vordenker der Selbsthilfebewegung und Interessenvertretung von Menschen mit Behinderungen. Darüber hinaus wird er ein bedeutender Schriftsteller. In seinem biografischen Essay „Warum sollte ich jemand anderes sein wollen?" (1992) bezieht er seine Lebenserfahrungen immer wieder auf einen Grundgedanken, den er bei Goethe findet: „Hätte Gott mich anders gewollt, so hätte er mich anders gebaut." (Saal 1992, S. 75)

Mit anderen Menschen denkt Fredi Saal über den Begriff Behinderung nach. Saal kommt zu folgendem Ergebnis: „*Wir ließen in Gedanken alle unsere Freunde, Verwandten und Bekannten Revue passieren in der Hoffnung, wenigstens einen unter ihnen zu finden, von dem sich unwiderlegbar erweisen würde: Dieser Mensch ist so souverän in seinem Denken und Handeln, dass sich an ihm beim besten Willen keinerlei Behinderung finden lässt. Wir fanden keine! In einer Welt ohne die so vielen verborgenen Behinderungen gäbe es das gar nicht, was die Umwelt Maßstäbe setzend ‚Behinderung' nennt. Dann könnte und dürfte nämlich jeder Mensch so sein und als das gelten, was er wirklich ist; nämlich: Er selbst. Der ‚so geboren' Behinderte könnte sich selbstverständlich ‚normal' fühlen, wie er es ja ursprünglich auch spontan tut, ehe ihm die Umwelt mit ihren abwertenden Sprüchen die Normalitätsgewissheit gehörig austreibt. Auch der Spätversehrte könnte seine Behinderung besser annehmen, wenn sie nicht von vornherein als ein Makel angesehen würde. Dann wäre es auch ein selbstverständlicher Gedanke, dass eine Lähmung oder ein Intelligenzausfall zu dem Menschen, der sie als ein unverwechselbares Merkmal trägt, ebenso gehört, wie dass er als Junge oder Mädchen geboren wurde. Denn ohne dieses unverwechselbare Merkmal der Behinderung wäre er nicht der einmalige Mensch, der er ist. Jeder Mensch hat seinen Wert in sich, unabhängig davon, ob er dieses oder jenes instrumentell im Sinne des Herstellens verrichten kann. Entscheidend ist die Tatsache seines individuellen Menschseins, dann vielleicht auch sein Können.*" (Saal 1992, 86)

Fredi Saal, den der Sozialpsychiater Klaus Dörner als einen „der philosophischsten Denker der deutschsprachigen Gegenwart" (Dörner 1988, S. 96) bezeichnet, entdeckt für sich das Spiel als Lebenselement: Es verfolgt keinen äußeren Zweck und lässt den Menschen an sich selbst körperliche und seelisch-geistige Freude erleben. „Behinderte haben wie jeder Mensch ursprünglich die Fähigkeit zu spielerischer Freude, und sie sind in der Lage, auf dieser Basis ein lebenswertes Dasein zu führen." (Saal 1992, S. 159) Im Spiel kann der Mensch Wege zu einem befriedigenden und sinnerfüllten Dasein finden. Für Fredi Saal gibt es nichts Schöneres als das eigene Dasein mit seinen Möglichkeiten. Deshalb sollte man in einer Behinderung keinen Schwarzen Peter sehen, „sondern einen Joker – die Spielkarte, welche anzeigt, dass dem Spieler noch alle Möglichkeiten offen stehen, das Spiel des Lebens für sich zu entscheiden." (Saal 1992, S. 168)

3.6.3 Was ist Spiel?

Bekanntlich gibt es unendlich viele Theorien über das Spiel. Sollen wir nun einer kulturtheoretischen, evolutionstheoretischen, lerntheoretischen oder psychotherapeutischen Sicht des Spiels folgen? Im Folgenden stelle ich meine Spieltheorie vor, die sich aus jahrzehntelangen Erfahrungen mit dem großen Thema „Spiel" herauskristallisiert hat. Dieser Praxisbezug ermöglicht, die eigene subjektive Theorie zu erproben, zu korrigieren und weiterzuentwickeln.

Mit dem Pädagogen und Theologen Friedrich Schleiermacher (1768 – 1834) gehe ich davon aus, dass die (Spiel-)Praxis ihre eigene Dignität (Würde) hat, unabhängig von der Theorie. Sie dient der Praxis, wird mit der Theorie eine bewusstere Praxis und kann die Theorie weiter ausgestalten. Die Würde der Praxis zeigt sich für Schleiermacher in der „Kunst des Erziehens", die aus der „Idee des Guten" kommt.

Die Idee des Guten hat auch der Begründer des Kindergartens, Friedrich Wilhelm August Fröbel im Sinn, wenn er davon spricht, dass „die Quelle alles Guten im Spiel liegt". (Klein 2012, S. 78) In der Idee des Guten gründet ganz besonders auch der Erfolg der Spieltherapie. Darauf hat der Schweizer Lehrer, Psychotherapeut und Schriftsteller Hans Zulliger in seinem 1952 erstmals und 2007 in 8. unveränderter Auflage erschienenen Buch „Heilende Kräfte im kindlichen Spiel" aufmerksam gemacht (Zulliger 2007): Zulliger beobachtete immer wieder, dass Kinder mit Schwierigkeiten und Problemen durch das Spiel selbst geheilt wurden, noch ehe er ihnen etwas gedeutet hatte. Allein im Spiel des Kindes liegen heilende oder ganz machende Kräfte. Besonders auch dann, wenn die aufmerksame einfühlende Haltung der pädagogischen Fachkraft im Erziehungsraum gegeben ist, die zur konzentrierten Selbstaufmerksamkeit des Kindes führen kann.

Spiel ist aller Bildung Anfang

Für viele Bildungsforscher hängt das Spielen unmittelbar mit der Fähigkeit zur Utopie zusammen. Wenn der Mensch das Leben nicht zugleich als Spiel zu leben weiß, dann geht ihm die Fähigkeit zur Veränderung verloren. (Becker 1980) Mithilfe von Spiel ist er in der Lage, sich realen Veränderungen anzupassen, diese auch zu verändern und Widersprüche zu verbinden. Nur die Freiheit des Spiels verbindet die Widersprüche, die das Dasein dem rechnenden und zergliedernden Verstand präsentiert, zu jener Einheit in der Vielheit, in der sich das Wesen jeglicher Schöpfung bekundet. Jede Umgangsform, ja jede Form überhaupt, tritt spielerisch zutage und will gespielt sein. Das Spiel ist die Bedingung dafür, dass Fühlen, Denken und Wollen als Ganzheit sich frei entwickeln können.

In den drei einander ergänzenden Entwicklungsbereichen „Fühlen, Denken und Wollen“ wird dem Kind seine ganzheitliche Entwicklung ermöglicht:

- Bewegungsentwicklung (Entwicklung rhythmischer Bewegungsfolgen und koordinierter Bewegungen, Entwicklung der Motorik, Grob- und Feinmotorik, der Mundmotorik und Augen-Hand-Koordination);
- Ich- und Sozialentwicklung (Entwicklung der personalen und sozialen Kompetenz);
- Gefühlsentwicklung (Entwicklung von Haltungen und Einstellungen gegenüber Menschen, Tieren und der Natur);
- Motivationsentwicklung (Entwicklung von Neugierde und Wünschen, Interessen und Neigungen);
- Fantasie- und Kreativitätsentwicklung;
- Denk- und Intelligenzentwicklung;
- Sprach- und Kommunikationsentwicklung.

Zusammenfassend können wir sagen: Im Spiel übt und entwickelt jeder Mensch lebenslang sein Selbstwirksamwerden, sein bio-psycho-soziales und emotionales Wachstum, seine Ressourcen, Lernpotenziale und Kompetenzen. Das Spiel kann als Urphänomen des Lebens gedeutet werden: „Spiel ist aller Bildung Anfang.“ (Klein 2012, 78)

Das Spiel schafft Wirklichkeit

Ein Holzstück kann ein Schiff sein. Und ein Stück Stoff verkörpert die Prinzessin. Die Prinzessin geht vom Schiff an Land, und das Kind betrachtet es weder als Betrug noch als Selbstbetrug, dass es in Wirklichkeit ein Stoffstück selbst an Land trägt, das es in eine Prinzessin verwandelt hat. Im Spiel gewinnt der Gegenstand jene Bedeutung, die ihm das Kind verleiht. „Es schafft im Spiel die Bedingungen, unter denen verschiedenste, selbst widersprüchlich erscheinende Lebenserfahrungen sich miteinander verbinden lassen.“ (Schäfer 2005, S. 116) Das zeigen die beiden folgenden Beispiele.

Anna spielt ihr Spiel

Anna, 4 Jahre, ein Kind mit Downsyndrom, spielt im Kindergarten mit ihrer Puppe. Die Puppe ist ihr Kind. Sie hat einen Namen. Sie heißt Susi. Susi ist

- bald hungrig,
- bald traurig,
- bald schmutzig,
- bald unfolgsam und
- dann am Ende ist Susi müde.

Anna
- füttert ihre hungrige Susi,
- tröstet und ermutigt ihre traurige Susi,
- wäscht ihre schmutzige Susi,
- „bestraft" ihre unfolgsame Susi und
- bereitet schließlich ihre müde Susi zum Schlafengehen vor und legt sie in aller Ruhe ins Bett.

Anna erlebt ihre Susi in Analogie zum eigenen Ich. Sie schlüpft in die Rolle der Mutter und identifiziert sich mit der Puppe, die ganz und gar ihr gehört: Die müde Susi muss jetzt schlafen – Anna ist müde und geht jetzt auch schlafen.

Berrit spielt ihr Spiel

Berrit, ein 5-jähriges Mädchen, geht im Gruppenraum zu ihrer Freundin Theresia. Sie erzählt ihr, wozu sie Lust hat (Interesse). Ausgiebig spricht sie über ihre Wünsche und Gedanken, darüber wie sie sich ihre Hochzeit mit Jan, ihrem Freund vorstellt (Sprache, Sprechen). Berrit führt Theresia zuerst zur Verkleidungskiste, dann zum Spiegel, und Berrit probiert mit ihrer Hilfe viele verschiedene Sachen an (sozialer Bereich). Die Hüte, Schleifen und Schleier reichen offenbar nicht aus. Berrit überlegt und geht bald zum Materialschrank, in dem sie schöne Stoffreste findet. Sie schaut diese mit Theresia an. Beide entschließen sich, ein Kleid herzustellen, das alle bisherigen Hochzeitskleider weit in den Schatten stellen soll.

Aber wie kann aus den Stoffresten das Kleid gemacht werden? Nadel und Faden sind nicht vorhanden. Berrit überlegt weiter (Denken). Plötzlich kommt ihr eine Idee. Sie geht zum Kerzenschrank, fragt die Erzieherin um Erlaubnis und schmilzt alle Kerzenstummel in einen Topf ein. Sie weiß, dass Kerzenwachs bei entsprechender Hitze flüssig wird (Intelligenz). Bald ist das gesamte Wachs flüssig. Nun breitet sie einen großen Papierstreifen auf den Boden aus, legt sich darauf und lässt von Theresia ihren Körperumriss auf dem Papier aufzeichnen. Sie legt die Stoffe so auf das Papier, wie sie es sich ausgemalt hat (Fantasie). Bald beginnt sie, die Stoffreste an ihren Enden mit dem flüssigen Wachs zu verbinden. Sie geht zwischen dem nun entstehenden Brautkleid und dem heißen Wachs hin und her (Bewegung). Ihre konzentrierte Spieltätigkeit führt zum Erfolg. Berrit fühlt sich bestätigt.

Sie hat ihre Vorhaben so abgeschlossen, wie sie sich das in ihrer Vorstellung und Fantasie ausgemalt hatte (Kreativität). Rasch zieht sie das Kleid an und tanzte vor Freude (Gefühl). Die Tatsache, dass ihr Auserwählter wegen des Weiterspielens mit Heiko keine Lust zur Heirat hatte, störte Berrit nicht weiter. Sie entschließt sich spontan, „mit Theresia ab sofort eine Modeboutique zu eröffnen." (Krenz 2008, S. 153)

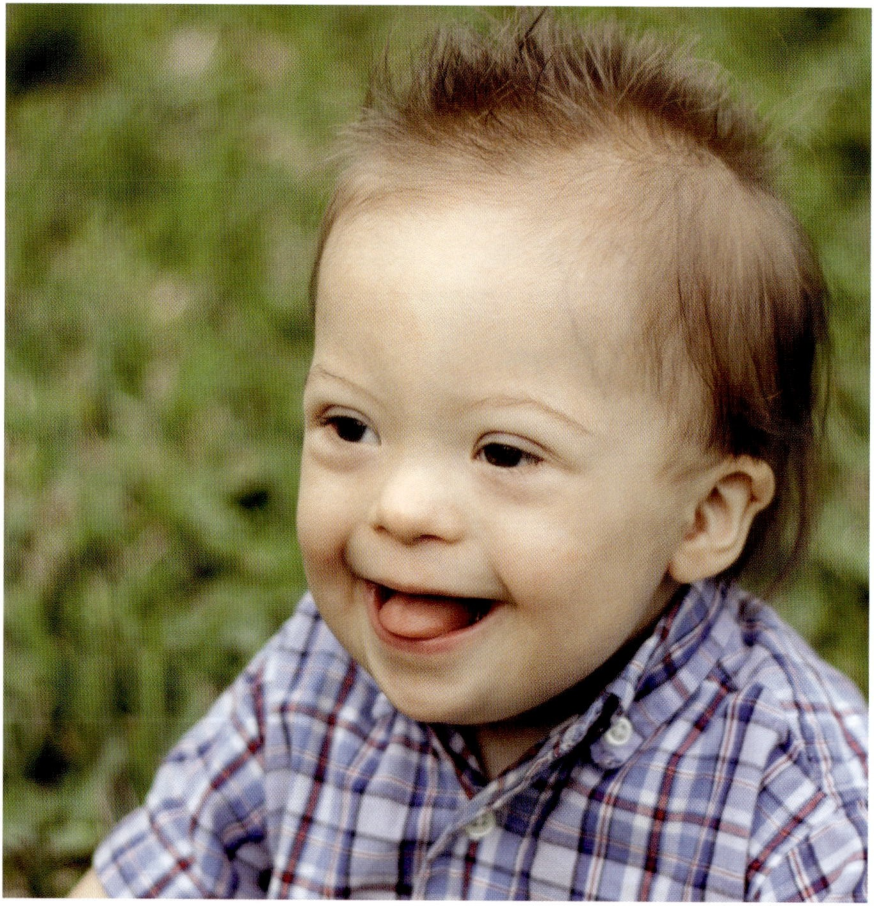

Einheit „Spielen und Lernen“

Anna und Berrit verstehen das Spiel als Mittelpunkt ihrer Aktivitäten und verleihen ihm die Bedeutung, die sie für wichtig halten. Sie stabilisieren ihre Ich-Identität, verbessern ihre Belastbarkeit und erweitern ihre soziale Sensibilisierung für einen verträglichen Umgang mit anderen Menschen und sie eignen sich auf ihrem Entwicklungsniveau Gegenstände der Natur und Kultur an.

Spielen war und ist zu allen Zeiten die Haupttätigkeit von Kindern und gilt sowohl als die bedeutsamste Grundbedingung für alle Bildungs- und Lernprozesse als auch für das Lernen an sich. Vielfältige Untersuchungsergebnisse weisen deutlich darauf hin, dass Kinder im Spiel ihr eigeninitiatives Handeln herausbilden, das ihre geistigen, sozialen, emotionalen, motorischen und kreativen Potenziale weiter anregt. Und das geschieht in einer differenzierten Vernetzung und gleichzeitigen Vielfalt, die kein gezieltes Lernförderprogramm erreichen kann.

Das Spiel des Kindes ist also kein ineffektiver und bedeutungsloser Zeitvertreib, wie Erwachsene oftmals meinen. Spiel darf aber nicht in funktionalisierter Form gezielt eingesetzt werden. Es muss zweckfrei und funktionsvielfältig erlebt werden können. Spielfreude hilft dem Kind dabei, seine Selbstaktivität immer wieder aufs Neue entdecken und einsetzen zu wollen – und das ist bekanntermaßen die wichtigste Form des Lernens, geht es doch auch im späteren Leben darum, die Welt zu erkunden und dabei den eigenen Stellenwert zu entdecken, sich bei Problemstellungen auf die Suche nach Lösungswegen zu begeben, lösungsorientierte Handlungswege zu entwickeln und mit Motivation, Konzentration und Lernbereitschaft das eigene Leben selbstverantwortlich zu gestalten.

Zusammenfassend ist festzuhalten: Spielen ist untrennbar mit der Entwicklung des Kindes verbunden und besitzt daher entscheidende Bedeutung für seine Persönlichkeitsentwicklung. Es gilt als Vorstufe und Nährboden für den Erwerb lebenspraktischer Fähigkeiten und Fertigkeiten, um das eigene Leben weitestgehend autonom, initiativ und selbstbewusst zu gestalten.

Das Spiel trägt dazu bei, dass das Kind

- selbst aktiv wird und gleichzeitig seine Lernauswirkungen (concomitant learning) aufbaut,
- Gewohnheiten und Routine überwindet,
- Lösungswege für Handlungsabsichten entwirft und einsetzt,

- bekannte Handlungsmuster erweitert und hinderliche Muster überwindet,
- sich unbekannten Dingen des Lebens zuwendet, sich mit ihnen auseinandersetzt und neugierig bleibt,
- kreative Aspekte in seinen Handlungsspielraum integriert,
- Neues wagt,
- Sinnverbindungen knüpft und somit
- ein suchendes Subjekt bleibt.

Sieht man in diesen Kompetenzen lebensbedeutsame Grundleistungen, dann wird deutlich: „*Kinder erwerben im Spiel so genannte generalisierende Fähigkeiten und entwickeln generalisierende Leistungen, die als Grundlage für außergewöhnlich viele Fertigkeiten des Menschen notwendig sind. Im Einzelnen sind es folgende Merkmale:*

- *Vernetzungen und Verbindungen herstellen: zwischen unterschiedlichen Dingen kombinieren und koordinieren können;*
- *Zuwendung aufbringen: Interesse, Aufmerksamkeit, Kontakt und Beziehungen zu den Dingen, zu den an einer Tätigkeit beteiligten Personen und den Abläufen herstellen;*
- *Analysen vornehmen: Situationen, Zustände, Dinge und Personen herauslösen und differenziert betrachten können;*
- *Synthesen bilden: Teile eines Ganzen wieder zusammenfügen und Sinnverbindungen/Zusammenhänge herstellen können;*
- *Vergleiche anstellen: Gemeinsamkeiten bzw. Unterschiede zwischen Personen, Dingen und Ereignissen erkennen können;*
- *Systematisierungen vornehmen: eine strukturierte, gezielt aufgebaute Vorgehensweise entwickeln und umsetzen können;*
- *Codierungen verinnerlichen: Gedächtnisleistungen und damit die Merkfähigkeit weiterentwickeln können;*
- *Wahrnehmung erweitern: die Vielfalt der Sinnestüchtigkeit ausformen, sie immer wieder aufs Neue aktivieren und in eine permanente Phase der Präzisierung bringen;*
- *funktionelle Systeme entwickeln: geeignete Schemata im Bereich der Kognition und der Handlungsvielfalt aufbauen, um selbst gesetzte oder erwartete Strategien zur Verfügung zu haben;*
- *Regelsysteme erkennen und zu nutzen wissen: einzelne Tätigkeiten aufeinander abstimmen können;*

- *Kreativität entwickeln: bisherige Handlungskonzepte auf ihre Effizienz hin überprüfen und neuartige Strategien entwerfen und ausprobieren können.*

Es besteht kein Zweifel darüber, dass sich diese Grundleistungen nicht nacheinander, sondern immer in einer Abhängigkeit voneinander entwickeln. Betrachtet man nun diese Zentralfunktionen, dann wird schnell deutlich, dass sie einerseits in fast allen Spielen zu entdecken sind und gleichzeitig die Grundlage des Lernens bilden. Insoweit überraschen folgende Aussagen zum Spiel in keiner Weise, wenn es beispielsweise heißt: Spielen und Lernen bilden eine nicht zu trennende Einheit; oder: Spielen ist Lernen bzw. Lernen ist Spiel." (Krenz 2009, S. 16)

Das haben auch neurowissenschaftliche Untersuchungen hinreichend dargelegt (Zimpel 2013): Das Spiel sorgt für die Ausbildung eines komplex verschalteten und zeitlebens lernfähigen Gehirns. Insofern schafft das Spiel die Bedingung für eine erfolgreiche Entwicklung des Lernens. (Klein 2015, S. 185)

Die Welt im Spiel erforschen

Das Kind will sich schon vom ersten Lebenstag durch Bewegungen ausdrücken, und bald will es alles, was es sieht und was von Interesse ist, mit den Händen und Sinnen

- wahrnehmen und erkunden,
- ergreifen und begreifen,
- erfassen und erkennen.

Es will sich die Welt aneignen, zum Beispiel beim Malen mit körpereigenen Mitteln: Beim großflächigen Malen mit Fingern auf großem Papier (Packpapier) mit der Fingerfarbe Schultempera und Kleister (Kleister gleichmäßig verteilen und Farbe hinzufügen; Farbe direkt in den Kleister rühren oder mit den Fingern aufnehmen) erleben besonders Kinder mit körperlichen und kognitiven Beeinträchtigungen sowie Kinder mit Autismus, dass sie fähig sind, Spuren zu hinterlassen und Strukturen zu bilden. Sie sehen sich als Gestalter ihrer Welt. Und sie lernen sich als Person zu erleben, die zur Welt und zu anderen Menschen einen eigenen Standpunkt beziehen kann.

Bei diesen spielbetonten und rhythmischen Malübungen wird die Finger- und Handmotorik der Kinder weiter ausgebildet, die Bewegungsabläufe werden koordiniert, und durch taktil-kinästhetische Erfahrungen wird ihre Sensibilität gefördert. Auch beim freien oder an Aufgaben gebundenen Gestalten mit Wachsmalkreiden werden feinmotorische Fähigkeiten (Finger- und Handfertigkeiten) geübt. Und beim Malen der eigenen Bewegungen

(Kreis- und Drehbewegungen) lassen sich ausgeführte Bewegungen sichtbar machen. Kinder mit schwerer oder mehrfacher Behinderung können diese basalen Bewegungsmuster einüben. Und als rhythmische sprachbegleitende Übung kann die Bewegung der Finger, Hände und Arme in Farbspuren umgesetzt werden. Besonders Kinder mit starken Beugespasmen in den oberen Extremitäten werden durch Fingermalerei und Malen mit Wachsmalkreiden deutlich lockerer und entspannter. – Für vielseitige Übungen der Finger- und Handfertigkeit (im Sinne feinmotorischer oder sensomotorischer Übungen und Übungen der Augen-Hand-Koordination) bietet sich vor allem Papier in verschiedenen Größen, Farben und Stärken an:

- Papier reißen,
- Papier schneiden (freies oder gebundenes Schneiden/Ausschneiden), Papier falten,
- Papier kleben (buntes Papier frei oder in Vorlagen/Rahmen zu einem Bild kleben) oder
- Papier zuordnen (nach Farbe, Form und Größe).

Auch das plastische Gestalten mit Knetmasse, Ton, Tonschlamm oder Tonklumpen ermöglicht viele Übungen: Vom Klumpen Teile abzupfen und sie zu einem Gegenstand (Haus, Baum, Schneemann) umwandeln. Durch festes Greifen, Festhalten und Loslassen (Verarbeiten zu einem Bau- oder Kunstwerk) werden nicht nur Feinmotorik und Augen-Hand-Koordination weiterentwickelt; auch das Wollen, Denken und Fühlen, die Vorstellung, das Sprechen/die Sprache, das Gedächtnis, die Fantasie und Kreativität sowie die sozialen Kompetenzen werden in Sinnzusammenhängen geübt. Das Kind setzt sich bei diesen Aktivitäten mit der Wirklichkeit auseinander, kurz: Es gestaltet seine Welt. – Besonders das Kind mit einer Wahrnehmungsstörung oder Beeinträchtigung seines Sehens (hochgradig sehbehindert oder blind) spürt den Widerstand des Gegenstandes, zum Beispiel des Tonklumpens in seinen Fingern und Händen. Mit ihm kann es, auch mit Führungshilfe, etwas formen und gestalten. Durch diese Aktivitäten wird ihm der Gegenstand zunehmend vertrauter: Es übt seine Finger- und Handmotorik und seine Sinnestätigkeit, erkennt das Gespürte und erlebt sich als Person, die mit „Herz, Hand und Kopf“ (Pestalozzi) in der Wirklichkeit selbst etwas bewirken, verändern und gestalten kann. (Krenz/Klein 2012, S. 182 ff.) Diese theoretisch anmutenden Hinweise zum Spielen und Lernen sollen nun am Beispiel des Kindes Frank weiter konkretisiert werden. Franks Mutter wirkte an der Gestaltung des folgenden Textes mit.

3.7 Frank auf seinem Lebensweg unterstützen

Anamnese, Diagnose und Entwicklungsschritte

Franks Krankengeschichte: Nach unauffälligem Schwangerschaftsverlauf wurde Frank als zweites Kind acht Tage vor dem errechneten Termin geboren. Frank konnte voll gestillt werden und entwickelte sich zunächst unauffällig. Als er sechs Monate alt war, fiel den Eltern eine Entwicklungsverzögerung auf: Ihr Kind konnte noch nicht optisch fixieren, zeigte keine Kopfkontrolle, war infektanfällig. In den folgenden sechs Monaten suchten die Eltern insgesamt sieben verschiedene Ärzte auf. Franks Mutter berichtet: „Unser Kind fiel gleich nach der Geburt durch ein hässliches Gesicht mit grober Nase auf. Der Kinderarzt entdeckte nichts Außergewöhnliches an ihm; außer einer gewissen motorischen Steifheit und einer starken Gelbsucht, die aber noch im Krankenhaus deutlich zurückging. Er wurde als gesund entlassen. Wir konsultierten dann regelmäßig eine sehr kompetente Kinderärztin, die bei ihm im Alter von fünf bis sechs Wochen eine starke Anämie feststellte und behandelte. Franks Schlafbedürfnis war während der ersten Monate extrem groß, was wir zunächst auf die diagnostizierte Anämie zurückführten.“ Mit etwa fünf Monaten fiel der Kinderärztin sein geringes Interesse an Gegenständen und Ereignissen in seiner Umwelt auf. Darüber hinaus konstatierte sie eine Muskelschwäche und verordnete daher dreimal wöchentlich Krankengymnastik, die sensomotorische Entwicklungstherapie einschloss. Der Erfolg war nach einigen Wochen erkennbar; Frank entwickelte mehr Freude an Bewegungen und spielte intensiver mit Gegenständen.

Keine eindeutige Diagnose

Die Untersuchungsbefunde einer Kinderklinik erbrachten nichts außer den bereits bekannten Symptomen: Hydrozephalus, auffallende Mundform, tiefsitzende Ohren, teigige Haut, sprödes Haar, Verdacht auf Septumdefekt (angeborener Herzfehler). Die erneut durchgeführte Chromosomenanalyse war wieder negativ. Es wurde der Verdacht auf eine Stoffwechselerkrankung geäußert. Alle in der Folgezeit durchgeführten Stoffwechseltests blieben jedoch ohne positives Ergebnis.

„Trotz einzelner Fortschritte bei der Diagnose waren wir nicht weitergekommen. Wir bemühten uns, Frank mit Spielangeboten zu fördern, und waren oft deprimiert, wenn der Erfolg nicht sofort sichtbar war. Wir erkannten jetzt auch, dass er kognitiv gegenüber Gleichaltrigen erheblich retardiert war, wenngleich wir immer noch hofften, er könne vieles noch aufholen. Ich möchte hinzufügen, dass wir auch heute noch enttäuscht sind, dass man nichts über die Ursachen von Franks Behinderung weiß. Die Sorge, was aus ihm werden mag, ist immer präsent, wenn auch die Gewissheit da ist, dass er förderungsfähig ist. Unser Fernziel ist es, ihn so weit zu bringen, dass er als Erwachsener einer sinnvollen, in irgendeiner Form kreativen Beschäftigung nachgehen kann."

Frank wurde in seinem dritten Lebensjahr zweimal stationär untersucht. Diagnose: multiple Dysmorphien (mehrere verschiedene Anomalien der Körperform), muskuläre Hypotonie, Hydrocephalus internus, systolische Herzgeräusche (Geräusche während des Zusammenziehens des Herzmuskels, kann organisch oder funktionell bedingt sein), Mundatmung, behinderte Nasenatmung, kognitive Retardierung. Im Alter von über drei Jahren wurde unter Mitwirkung eines Experten aus den USA festgestellt: „Das Krankheitsbild lässt sich keiner uns bekannten Krankheit zuordnen. Es gibt keine vergleichbare Krankheitseinheit. Ich fürchte, wir haben nunmehr alle Möglichkeiten ausgeschöpft, einer eindeutigen Diagnose näherzukommen."

Pädagogische Beratung und Begleitung

Im Alter von zwei Jahren und vier Monaten erfolgte alle 14 Tage eine regelmäßig Beratung der Familie im häuslichen Lebensraum des Kindes. Die Erzieherin gab Anregungen zur ganzheitlichen Förderung, Aktivierung der Bewegungs- und Wahrnehmungsfähigkeit sowie zur Übung der Sinnes- und Sprachfähigkeit. Küchen- und Haushaltsgeräte, ein Dreirad, Bälle und Perlen in unterschiedlichen Größen, Farben und Qualitäten, ein Krabbelsack mit Spielzeug, bunte Stäbchen, ein Seil, Sprachlern-, Lotto- und Memory-Spiele dienten als Übungsmittel.

Nach und nach erkannte die Erzieherin durch ihr aufmerksames *Beobachten*: Frank will sich durch Bewegungen ausdrücken, und bald will er alles, was er sieht und was von Interesse ist, im wahrsten Sinne des Wortes mit den Händen und Sinnen wahrnehmen und erforschen, ergreifen, begreifen und erkennen.

Bei der Gestaltung der Spielsituationen ist zu beachten, dass

- Frank sich frei bewegen kann,
- ausreichend Raum und Zeit zum Spielen vorhanden ist,
- nicht jeder Spielerfolg bestätigt wird.

Sobald Frank von sich aus vertraute, ähnliche oder neue Spielsachen berührt, aufhebt, hält, sortiert oder arrangiert, beginnt er, ihre Ähnlichkeiten und Unterschiede, ihre Größe und Eigenschaften zu bemerken. Er erfährt ihre Form, Beschaffenheit, Zusammengehörigkeit und Verwendbarkeit.

Rhythmische Spiele und Übungen, insbesondere nach der Scheiblauer-Methode (Klein 2012, S. 152 ff.), erweisen sich als besonders entwicklungsfördernd:

- Wechsel von Anspannung und Entspannung
- Eigenrhythmus und „innere Ordnung/Unordnung" drücken sich in den Bewegungen aus
- bei rhythmischen Bewegungen ordnet Frank seine „innere" und „äußere" Welt.

Die Welt spielend erkunden und begreifen

Auch das Schneiden mit der Schere wird geübt. Die aufgabenbezogenen Übungen sind nicht nur eine Schulung der Feinmotorik. Bei diesen Übungen bringt Frank aus eigenem Antrieb seine körperlich-geistigen Kräfte in Bewegung: „Ich will" einen Zaun machen. Um das zu erreichen, muss er die Streifen sorgfältig schneiden. Sein Interesse an der zu lösenden Aufgabe verlangt ein konzentriertes Arbeiten: Er will gerade und gleich große Streifen schneiden. Die Erzieherin beobachtet aufmerksam sein Tun, kann unterstützend oder korrigierend eingreifen. Franks Aktivität ist von einem Vorhaben bestimmt. Je sachgerechter er tätig ist, desto besser übt und entwickelt er die Koordination seiner Bewegungs-Wahrnehmungs-Aktivitäten.

In der inklusiven Kindertagesstätte

Als Frank drei Jahre alt ist, nimmt die Mutter Kontakt zu einer inklusiven Kita auf. Frank besucht diese zunächst zweimal wöchentlich, später regelmäßig vormittags. Die Gruppe umfasst acht bis zehn Kinder; außer Frank sind zwei weitere Kinder entwicklungsauffällig. Frank kann sich im Verlauf der ersten Wochen in die Gruppe eingliedern. Mutter: „Er musste am Anfang viel einstecken, nun setzt er sich durch. Das hat er gelernt."
Nach acht Monaten Besuch der Einrichtung kann – gestützt durch Beobachtungsprotokolle – der folgende Entwicklungsbericht mit weiteren Anregungen gegeben werden:

Frank spielt selbstständig, hat Ausdauer, eigenes Gestaltungsvermögen, klettert von sich aus in den ersten Stock des Holzspielhauses, blickt von oben auf das Tun und Treiben der Kinder. Er ist vergnügt und fühlt sich wohl. Frank beteiligt sich an gemeinsamen Vorhaben (Hausbau mit großen Kartons), wird von anderen Kindern zum Mitmachen angeregt. In herausfordernden Situationen versucht er sich zu behaupten, was ihm inzwischen häufiger gelingt. Er lernt, sich durchzusetzen. Schwierigen Situationen geht er eher aus dem Weg. Er zieht sich zurück und spielt mit Gegenständen, die ihn interessieren. Bald hüpft er auf einer Matte mit anderen Kindern und wird von der Erzieherin in eine gemeinsame Spiel- und Lernsituation eingebunden.

Später sieht er zusammen mit der Erzieherin ein Bilderbuch an. Dabei werden Sprech- und Sprachübungen (Artikulationsübungen, rhythmisches Nachsprechen mehrsilbiger Wörter, Einüben einfacher Satzmuster) in die gemeinsamen Aktivitäten wie selbstverständlich eingebunden. Erfolgserlebnisse in der Gruppe schaffen für Frank nicht nur Befriedigung und Freude. Sie ermutigen ihn auch und steigern sein Selbstvertrauen. Frank entwickelt im Spiel seine Kompetenz, mit anderen Kindern den Raum und die Zeit zu teilen, ein Vorhaben miteinander zu gestalten.

Frank ist dort anzusprechen, wo er Entwicklungsmöglichkeiten zeigt oder erwarten lässt. Das Trainieren einzelner Defizite ist abzulehnen. Das Anwenden von Programmen, deren theoretische Grundlage das Reiz-Reaktions-Lernen ist, ist zu vermeiden. Frank lernt sonst, nur auf Reize zu reagieren, und sein ursprüngliches Bedürfnis zu Spielen geht unter. Er wird dann in seinem Lernen beeinträchtigt.

Franks Mutter ergänzt: „Sehr berechtigt finde ich Ihre Warnung vor einem Trainingsprogramm, das nur aus Reiz-Reaktions-Lernen besteht. Ich habe bei Frank sogar festgestellt, dass er sich gegen dieses Lernen wehrt. Manchmal weigert er sich, mehrmals nachzusprechen, und lehnt es ab, mit seinen Übungsblättern zu arbeiten. Er merkt offensichtlich, dass er in bestimmte Muster gezwängt werden soll. Ich versuche dann, die auf den Übungsblättern dargestellten Situationen in einem Zusammenhang mit seinen täglichen Tätigkeiten zu bringen und ihn auch vieles von dem Dargestellten selbst spielen zu lassen."

3.8 Die inklusive Bildungseinrichtung Modell einer sich selbst regulierenden Lebens- und Lerngemeinschaft

3.8.1 Hineinwachsen in gelebte Verantwortung ermöglichen

In Korczaks „Schule des Lebens“, in der Lebensinhalte gemeinsame Lernthemen sind, können die Kinder ihre Erfahrungen selbst machen. Das Kind will selbst seine Freuden und Enttäuschungen, seine Erfolge und Misserfolge erleben und dadurch aus eigener Kraft wachsen. Es will von sich aus seine Persönlichkeit ausbilden. Auch wenn dieser selbstbildende Weg unendlich schwierig sein kann, muss er dennoch gewagt werden. Denn erst dadurch, dass die unüberwindbar erscheinenden Probleme dennoch gelöst werden, wird das Hineinwachsen in gelebte Verantwortung, in demokratische Spielregeln gelingen.

An dieser Bildungskonzeption kann sich der inklusive Lebens- und Erfahrungsraum orientieren. Sie ermöglicht dem Kind die Ausformung eines starken Willens zur eigenverantwortlichen Selbstgestaltung. Das Kind erprobt, übt und entwickelt durch Selbsterfahrung seine Kräfte. Es hat das Recht, als gleichberechtigter Partner Mitsprache und Mitverantwortung zu realisieren. Diese Konzeption bedarf eines Teams, das in seiner Gesamtstruktur über die Fähigkeit der Selbstregulation verfügt. Diese ist dann gegeben, wenn eine positive Grundstimmung gegeben und das Team in der Lage ist, Konflikte sozialverträglich zu lösen. (Siehe auch Kapitel 3.2.5: Durch Teamarbeit und Supervision Grenzen überwinden und eigene Ressourcen entdecken.)

Dem häufig vorgebrachten Argument, die Kinder seien für eine Mitbeteiligung an Entscheidungen zu jung und es fehle ihnen an Kompetenz und Erfahrung, setzt Korczak das Recht auf ihre Mitbestimmung entgegen, durch das sie die dafür notwendigen Kompetenzen erwerben. Im Prozess der Beteiligung entdecken und erkennen die Kinder ihre Kompetenzen und entwickeln ein Verantwortungsbewusstsein für sich und für den anderen Menschen.

Für diese Pädagogik der Achtung der Rechte des Kindes gibt es vielfältige Formen der entwicklungsgerechten Mitbeteiligung, etwa:

- Partizipation der Kinder bei Planung und Reflexion von Tätigkeiten, Tagesabläufen und Projekten

- Information der Kinder über ihre Mitwirkungsrechte
- Wahlen, Kinderkonferenzen und sogar „verfassungsgebende Versammlungen" der Kinder

In zahlreichen Kita-Projekten werden neue Formen der Beteiligung erfolgreich erprobt. (Krenz/Klein 2012, S. 43)

Wenn die achtsam handelnde pädagogische Fachkraft wirklich will, dass ein Kind in die Ordnungen und Regeln des sozialen Lebens hineinwächst, Werte, Natur und Kultur achtet, dann muss sie es erfahren lassen, wie sie dies wirklich meint. Erfährt das Kind diese vorgelebte Achtung im Handeln nicht, dann entsteht in ihm ein Konflikt, denn es wird von ihm etwas gefordert, was es im Grunde seines Herzens will, aber im konkreten Handeln nicht erlebt. So geht dem Kind der orientierende Maßstab für das nachahmende Lernen und Aneignen der Gegenstände der Natur und Kultur verloren. Hier wird die ursprüngliche Pädagogik, nämlich dem jungen Menschen entsprechend seinem Bedürfnis und Bedarf zu helfen, damit er in die Welt hineinwachsen kann, in eine Pädagogik des (Be-)Herrschens gewandelt. Deshalb ist an Korczaks Verständnis der Achtung zu erinnern: Nur wer sich um die eigene Identität bemüht und sich selbst achtet, kann den anderen achten. Diese Achtung bestimmte sein Handeln, das Gewalt und Aggression nicht verhindern kann. Es kann aber zeigen, wie in der „kleinen Republik" Kindertagesstätte der Weg zum Frieden, zu mehr Gerechtigkeit und Wahrhaftigkeit zu gehen ist, sofern die „pädagogischen Grunddimension des Vertrauens" (Klein 2001) geachtet wird.

3.8.2 Das verlorene Vertrauen des Kindes wieder gewinnen und eine inklusive Spiel- und Lernkultur gestalten

Durch Vertrauen schöpferisches Spiel ermöglichen

Für den Sozialpädagogen Herman Nohl (1879 – 1960), der das erzieherische Verhältnis näher reflektiert hat, ist das Vertrauen zwischen Kind und Erzieherin von entscheidender Bedeutung für das Gelingen der Erziehung. In gleicher Weise wie das unbedingte Vertrauen des Patienten in seinen Arzt in der ärztlichen Grundeinstellung des bejahenden Lebenswillens begründet ist, lässt sich die pädagogische Grundeinstellung beschreiben: Sie bejaht das Kind in der „Tiefe seiner Person". (Klein 1993, S. 42 ff.) Dieses Vertrauen wirkt wie die Sonne auf eine Pflanze. Sie schenkt der Pflanze Vertrauenslicht und Vertrauenswärme.

Was ist zu tun, wenn das Vertrauen des Kindes verloren gegangen ist? Darauf hat Paul Moor eine Antwort gegeben, die auch heute noch zutrifft, weil hier pädagogische Grundeinsichten auf den Punkt gebracht werden. In seinem schon 1969 erschienenen Buch „Kinderfehler – Erzieherfehler" gibt Moor auf diese Frage eine Orientierung, die Korczak dick unterstreichen würde: *„Wir dürfen das Vertrauen des Kindes nicht missbrauchen, dann werden wir es nicht verlieren. Haben wir es verloren, so dürfen wir auf all das neu wieder erwachende Verlangen, vertrauen zu dürfen und vertrauen zu können, hoffen, müssen ihm aber Zeit lassen, zu wachsen und uns unterdessen bemühen, dieses Vertrauens wert und würdig zu werden. Inzwischen schenken wir ihm unser Vertrauen; dadurch wird es in eben dem Sinne reich, dass es sich selber gleichsam wieder leisten kann, andern zu vertrauen. Die allgemeinste und umfassendste Form aber, Vertrauen zu schenken, besteht darin, dass wir nicht nur das Versagen und die Unarten des Kindes sehen, sondern auch auf das eingehen, was es gut kann, was es gerne tut, was es recht gemacht hat, und dass wir das, was ihm zur Last gelegt wird, nicht mehr betonen, als unbedingt nötig ist, ruhig und sachlich davon sprechen, es zwar nicht beschönigen, aber auch nicht richterlich werten. Auch das Loben aber braucht Takt: Wir dürfen das Kind durch unser Lob nicht bloßstellen. […] – Das Geheimnis des Vertrauens, die Pflege der Bindung ist so nicht eine besondere Maßnahme. Vielmehr hat jede Beeinflussung des Kindes das vorhandene Vertrauen vorsichtig und taktvoll in Rechnung zu stellen und bei allen Maßnahmen zu schonen; wo aber das Vertrauen fehlt, haben wir uns bewusst zu sein, dass alles, was wir am Kinde tun, etwas nur Vorbereitendes bleibt und den Charakter des Vorläufigen behält so lange, bis das Vertrauen des Kindes wieder da ist."* (Moor 1969, S. 85) Mit dieser selbstkritischen und achtsamen Haltung, die im erzieherischen Verhältnis gegenwärtig ist, kann die Erzieherin dem Kind seine Selbstentwicklung im Spiel ermöglichen.

Die individuellen rhythmischen Strukturen achten

Aus entwicklungspsychologischer Sicht ist das Spiel eine Grundform der freien ganzheitlichen Bewegung des Kindes. Im Spiel erlebt es die Umwelt so genau wie möglich, kurz, es schafft ein weites Netz von Dispositionen, „die es dem Ich ermöglichen, die ganze Wirklichkeit zu assimilieren, d. h. sie zu inkorporieren, damit sie wieder erlebt, beherrscht oder kompensiert werden kann." (Piaget 1975, S. 198) Das Kind assimiliert die „äußere Welt" an seine sensomotorischen Schemata, es fügt die Wirklichkeit ohne Zwang, ohne Sanktionen in sein Ich ein. Den Aktivitäten wohnt ein schöpferisches und heilendes Moment inne. Sie sind nicht in eine bestimmte Richtung festgelegt, sondern frei und alternativreich.

Diese Aktivitäten können wir schon bei den ersten spontanen Bewegungen und Lautspielen beobachten. Hier tastet sich das Kind in die noch nicht vertraute Welt vor. Bereits in den ersten Stadien der sensomotorischen Entwicklungsstufe fängt es an, Spielgegenstände nach Größe, Form und Farbe zu unterscheiden, ihre Eigenschaften, Beschaffenheit und Verwendbarkeit zu bemerken. Seine Aktivitäten erfolgen nicht primär, um ein Ziel zu erreichen, sondern vielmehr, um die Wahrnehmungs- und Bewegungsfähigkeit zu üben. Diese nach vorne drängenden spontanen Spiele und Übungen werden von einem Gefühl der Lust und Freude, aber auch der Spannung und Lösung begleitet und durch dieses Gefühl ermöglicht. Das Interesse ist bei jeder Assimilation in dem Maße gegeben, wie es dem Bedürfnis und Gefühl entspricht. Dadurch werden mechanisches Anpassen überwunden und schöpferische Selbstentwicklung des Kindes ermöglicht.

Bereits diesen reflektorischen und sensomotorischen Aktivitäten liegt eine individuelle rhythmische Struktur zugrunde. Rhythmus ist spontaner Ausdruck des körperlich-geistigen Lebens. Rhythmus ist ein im Körperlichen wurzelnder Gestaltungswille, der auf die Handlungsstrukturen entwickelnd und ordnend einwirkt. (Klein 1999) Die rhythmischen und spontanen Bewegungen sind vom organischen Leben nicht zu trennen. Sie ermöglichen eine lebendige Entwicklung von Beginn an.

In diesen angeborenen rhythmischen Eigenaktivitäten tritt das Moment der Übung in elementarer Weise hervor. Die Übungen sichern die Konstanz der Handlungen. Ihnen hat eine zuverlässige und vertrauensstiftende personale und gegenständliche Welt zu entsprechen. Die Mit- und Umwelt des Kindes, d. h. die von der Erzieherin gestaltete und verantwortete „vorbereitete Umgebung“ (Montessori) wird zum Lebens- und Begegnungsraum im Medium des schöpferischen Spiels. Hier ist der Schöpfungsgeist unterwegs, zu dem die Sympathie des Kindes einlädt.

Einfühlung von Beginn an pflegen

Wie neurobiologische Forschungen und Experimente zeigen, empfinden bereits Säuglinge Urformen der Sympathie. „Schon mit etwa fünf Monaten beginnen sie zwischen ‚guten‘ und ‚bösen‘ Taten zu unterscheiden. Gut ist, anderen zu helfen; böse ist, anderen zu schaden. Schon einjährige Kinder (14.- 18. Monat) helfen ohne vorherige Übung spontan fremden Erwachsenen: Sie heben beispielsweise heruntergefallene Gegenstände auf, wenn die Person, die diese aufheben will, nicht heranreicht, öffnen verschlossene Schranktüren, wenn die Person, die etwas in den Schrank legen will, keine Hand mehr frei hat [...]." (Zimpel 2015, S. 6) Säuglinge spüren also die Gefühle und Absichten bei anderen Menschen auf und sind fähig, Mitgefühl und Mitleid zu erleben. (Darauf wurde bei den Spiegelneurone näher aufmerksam gemacht, siehe Seite 113.) Sie pflegen mit ihren veranlagten Kräften eine Willkommenskultur, bei der die Unterschiede im Wollen, Wissen und Können von herausragender Bedeutung sind: Die Unterschiede fördern ihre Kommunikation, weil sie ein angeborenes Grundverständnis für soziale Situationen haben und anderen Menschen helfen wollen: „Sie unterbrechen sogar ein interessantes Spiel, um zu helfen." (ebd.)

Im Umgang miteinander nehmen also Kinder die Unterschiede als gegeben an, entwickeln Neugierde füreinander und wollen einander helfen. Auf diese emotionale Grundfähigkeit baut der Perspektivwechsel auf, der für die inklusive Lernkultur bedeutsam ist: Wenn Kinder mit Beeinträchtigungen der Wahrnehmung, der Bewegung, des Denkens (der kognitiven Entwicklung) oder des Verhaltens wie selbstverständlich in der Gruppe sind, dann „sind die Herausforderungen und Anregungen zum Perspektivwechsel immens" (Zimpel 2015, S. 5), sofern jedes Kind als einzigartiger Mensch in seiner Individualität gesehen wird. Dieser kindlichen Sympathie kann die Erzieherin vertrauen und dadurch ihre Professionalität vertiefen.

3.8.3 Im Dialog Vertrauen und Empathie schenken – Bubers Dialogisches Prinzip

Für Martin Buber ist alles wirkliche Leben Begegnung. In seinem philosophischen Werk widmete er sich vor allem dem Dialog, der Begegnung und Beziehung von Menschen. Erst im Kontakt mit dem Du gestaltet sich die ganze Person, und nur über diesen Kontakt finden persönliches Wachstum und Entwicklung statt. Buber spricht vom „Durchbruch zum Andern". (Buber 1982, S. 163) Der Durchbruch vollzieht sich zwischen „echten Personen", die sich um eine „echte Beziehung" bemühen. Wie ist das gemeint?

Weder das individualistische Prinzip noch das kollektivistische Prinzip noch eine Synthese beider Prinzipien helfen weiter, wenn es darum geht, die fundamentale Tatsache der menschlichen Existenz bewusst zu machen. Buber sagt: „Die fundamentale Tatsache der menschlichen Existenz ist weder der Einzelne als solcher noch die Gesamtheit als solche. Beide, für sich betrachtet, sind nur mächtige Abstraktionen. [...] Die fundamentale Tatsache der menschlichen Existenz ist der Mensch mit dem Menschen." Hier entsteht die „Sphäre des Zwischen", „eine Urkategorie der menschlichen Wirklichkeit", die über die menschlichen Eigenbereiche hinausgreift. „Das Zwischen ist keine Hilfskonstruktion, sondern wirklicher Ort und Träger zwischenmenschlichen Geschehens", es konstituiert sich jeweils neu „nach Maßgabe der menschlichen Begegnungen". (Buber 1982, S. 164f.)

Das menschliche Begegnen ist an eine ethische Voraussetzung oder Bedingung geknüpft: „Erst wenn der Einzelne den Anderen, in all seiner Andersheit, als sich, als den Menschen erkennt und von da aus zum Anderen durchbricht, wird er, in einer strengen und verwandelnden Begegnung, seine Einsamkeit durchbrochen haben." (Buber 1982, S. 162) Hier wird der Geist zum Ereignis. Wie ist das zu verstehen?

„Nur einer, der in der letzten Tiefe des eigenen Schmerzes, ohne irgend von ihm abzusehen, in seinem Geiste mit dem Schmerz der Welt kommunizierte, kann das Wesen des Schmerzes erkennen. Dafür, dass er es könne, ist aber freilich eine Voraussetzung; nämlich, dass dieser Mensch schon die Tiefe des Schmerzes anderer Wesen wirklich – d. h. nicht mit dem ‚Mitleid', das gar nicht zum Sein vordringt, sondern mit der großen Liebe – erfahren hat; dann erst wird ihm der eigene Schmerz in seiner letzten Tiefe transparent ins Leid der Welt. Nur die Teilnahme am Sein der seienden Wesen erschließt den Sinn im Grunde des eigenen Seins." (Buber 1982, S. 146)

Orientiert sich die pädagogische Fachkraft weiter an Martin Buber, dann erfährt sie: Dort, wo der Geist der Liebe gelebt wird und im Werk und Beruf hervortritt, da ereignet er sich. Dieser Geist kann theoretisch nicht hinreichend in Worten beschrieben werden und ist zum Ärgernis für die messende und prüfende Wissenschaft geworden. Wir müssen den Geist vielmehr in der Praxis des Lebens, in der Beziehung der Menschen und in den Aufgaben, die wir tun und verantworten, aufspüren. „Denn der Geist in seiner ursprünglichen Wirklichkeit ist nicht etwas, was ist, sondern etwas, was sich ereignet." (Buber 1982, S. 146) Dieser Geist ist mächtig, kann Kräfte des Vertrauens wecken und der Angst erfolgreich begegnen (siehe das Beispiel „Angelchen und ihre Erzieherin", Seite 17).

Vertrauen wurde in der jüdischen Heilpädagogik durch das Gebot der Nächstenliebe begründet und durch Zedaka, die „pflichtgemäße[..] Wohltätigkeit im Sinne ausgleichender Gerechtigkeit [...] zum Wohle des Einzelnen, besonders des Schwächsten und des in seinen Lernmöglichkeiten gehinderten Menschen" (Köpcke-Duttler 2002, S. 93 ff.) solidarisch gepflegt. Heute ist diese durch den Nationalismus vernichtete Heilpädagogik in der Erinnerung lebendig: Als Hoffnung auf eine Menschheit voller Ursprünglichkeit, Kraft und Schönheit.

Das so verstandene Vertrauen lässt das Kind spüren: Dieser Mensch treibt kein Geschäft mit mir. Er nimmt mit seinem Herzen an meinem Leben teil. Ihm darf ich vertrauen. Dieses Vertrauen ist „das innerlichste Werk des erzieherischen Verhältnisses." Martin Buber und der Psychotherapeut Carl Rogers führten 1957 ein Gespräch, bei dem Buber sagte: „Was er [der andere, der Patient, das Kind (Anm. F. K.)] braucht, ist ein Mensch, dem er nicht nur vertrauen kann, wie ein Mensch dem anderen vertraut, sondern auch ein Mensch, der ihm Sicherheit gibt; dass die Welt nicht verdammt ist zur Entbehrung, zur Zerstörung, zur Entartung; dass die Welt erlöst werden kann; dass er erlöst werden kann, weil es dieses Vertrauen gibt." Hier wird der Boden einer gemeinsamen Existenz sichtbar: Vertrauen wird geschenkt und gemeinsam erlebt. Daraus entstehen Sicherheit, Geborgenheit und ein freudiges Bejahen des gemeinsamen Seins.

Dialog durch Empathie

Heute kann das Dialogische Prinzip mit dem Begriff der Empathie beschrieben und für die Praxis weiter fruchtbar gemacht werden. Unter Empathie wird die Bereitschaft und Fähigkeit verstanden, sich in den anderen Menschen einzufühlen, seine Gedanken, Handlungen, Emotionen und Haltungen nachzuempfinden. Die Fähigkeit zur Empathie wird in der humanistischen Psychologie als eine der wichtigsten Voraussetzungen gesehen, um in der Beziehung eine intensive Zuwendung zu erreichen und den anderen in „seinen Ausdrucksweisen sowie [.. den] dahinterliegenden Motive[n] und Empfindungen zu verstehen. Empathie wird gleichzeitig als eine grundlegende Voraussetzung für ein authentisches Verhalten angesehen, durch das es der Person möglich wird, in eine Reflexion, Selbstveränderungsbereitschaft und Selbstbildung zu kommen." (Krenz 2015, S. 100)

Empathie ist demnach weder eine Kommunikationstechnik noch eine gelernte Methode. In der pädagogischen Beziehungsarbeit ermöglicht Empathie einen wahrnehmungsoffenen, gegenseitig verstehenden und lebendigen selbstreflexiven Kommunikations- und Entwicklungsprozess. (Krenz/Klein 2012, S. 142 ff.) Die empathisch tätige pädagogische Fachkraft ist als mitlernende und mitsuchende Persönlichkeit bemüht, die vergangenen und gegenwärtigen Lebens- und Lernbedingungen des Kindes zu begreifen und zu verstehen, sich in seine Welt hineinzudenken und dabei stets die Einstellung zur eigenen Lebenswelt nicht aus den Augen zu verlieren. In dieser Spannung zwischen Nähe und Distanz liegt die Erziehungskunst der gelingenden Empathie oder des Findens des „Weges zum Anderen".

Anmerkungen zum „Index für Inklusion"

Zur Überprüfung der inklusiven Qualität kann der „Index für Inklusion" eingesetzt werden. Er kann helfen, den „nächsten Schritt" zu finden, um die Teilnahme des Kindes an allen Aktivitäten zu erhöhen. Die Materialien sind so konzipiert, dass sie auf dem Wissen und der Erfahrung der Erzieherin aufbauen und die Entwicklung jeder Einrichtung anregen und unterstützen, unabhängig davon, wie diese im Moment eingeschätzt wird. (Hinz/Boban Gille 2013) Der Index darf aber ein lebendiges pädagogisches Geschehen in der heterogenen Gruppe weder kontrollieren noch steuern, denn beim ganzheitlichen Betreuungs-, Bildungs- und Erziehungsprozess geht es stets um einen komplexen Austausch des individuellen Kindes mit seiner ganz persönlichen Erfahrungswelt.

3.9 Zusammenfassende Einsichten und Erkenntnisse

Kinder denken und fühlen mit dem Herzen. Sie sehen mit dem Herzen gut. Sie brauchen fühlende Erwachsene, die

- sich mit Interesse auf die Gefühle der anderen einlassen können und „selbst emotionale Vorbilder sind;
- auf Macht verzichten, um in einem gemeinsamen Kontext zu lernen;

- sich wie Kinder als Lernende verstehen;
- immer wieder über die Wunder dieser Welt staunen können;
- sich mit Freude und Optimismus gemeinsam mit andern auf den Weg machen.“ (Spitz-Güdden 2017, S. 17)

- Die „kleine Republik“ Kindertageseinrichtung kann zeigen, wie „Solidarität und Partizipation (Teilhabe am gemeinsamen Leben und aktive Mitgestaltung der Lebensbereiche) realisiert und Barrieren überwunden werden können“ (Klein 2015, S. 55) und wie die Demokratie als Lebensform der miteinander geteilten Erfahrungen auf die Demokratie als Regierungsform einwirken und das Bildungssystem an der Basis zur inklusiven Einrichtung wandeln kann.
- In Kindertagesstätten-Bildungskonzepten wird besonders auf die Vorbereitung für das künftige Leben gesetzt. Oft werden Lernprogramme Schritt für Schritt zielorientiert umgesetzt. Um der Zukunft willen wird nicht oder gering geachtet, was das Kind heute erfreut, traurig macht, in Erstaunen versetzt, ärgert und interessiert.

Die Entwicklung des Kindes ist als individueller Reifungsprozess zu achten, für den durch Erziehung die rechten Bedingungen zu schaffen sind. Dieser Prozess darf nicht durch Eile und Ungeduld gestört werden.

Neueste Untersuchungsbefunde der Hirnforscher weisen immer wieder mit Nachdruck darauf hin, dass sich Kinder im Spiel durch ihr eigeninitiatives Handeln entwickeln, was kein gezieltes Lernförderprogramm erreichen kann, es sei denn, wir wollen „uns und unsere Kinder um den eigenen Verstand bringen.“ (Spitzer 2014, S. 12)

Mit André Zimpel ist zu fordern: „Lasst unsere Kinder spielen, denn ihr Spiel ist der Schlüssel zum Erfolg.“ (Zimpel 2013, S. 10) Inklusive Frühpädagogik darf nicht zum Ansammeln von Karrierepunkten missbraucht werden.

Beim Spielen und Lernen in heterogenen Gruppen können sich alle Spielpartner als gleichwertig empfinden und erleben und sowohl mit- als auch voneinander lernen.

Daraus erwächst gegenseitige Achtung und Hilfe – ohne Mitleid.

- Spiel ist Bildungsmittelpunkt. Spiel gilt sowohl als die bedeutsamste lebenslange Grundbedingung für alle Bildungs- und Lernprozesse als auch für das Lernen an sich: für die Erzieherin und für das Kind.
- Das Spiel hilft dem Kind, seine Selbstwirksamkeit immer wieder aufs Neue zu entdecken und einzusetzen. Im Spiel entwickelt es seine

Ressourcen, Lernpotenziale und vielfältige Kompetenzen. Es stabilisiert seine Ich-Identität, verbessert seine Belastbarkeit und erweitert seine soziale Sensibilisierung für einen verträglichen Umgang mit anderen Menschen und eignet sich die Bildungsinhalte der Natur und Kultur an.

- Selbstwirksamkeit ist die wichtigste Form des Spielens und Lernens, geht es doch auch im späteren Leben darum, die Welt zu erkunden und den eigenen Stellenwert zu entdecken, sich bei Problemen auf die Suche nach Lösungen zu begeben und mit Motivation das eigene Leben selbstverantwortlich schöpferisch zu gestalten.
- Bei diesem Spiel-Lernen entwickelt das Kind, wie der Mensch überhaupt, die Fähigkeit zum aufmerksamen Hinschauen, zum Staunen und Fragen, zum Einfühlen in andere Menschen und Verständnis für sie. So wird die Anwesenheit eines anderen Menschen, der bedrohlich sein kann, beim Spiel ein „Auslöser von Neugier, und diese Neugier trägt zur Entwicklung gesunder Einstellungen in der Freundschaft, der Liebe und – später – im politischen Leben bei. Mit der amerikanischen Bildungsforscherin Martha Nussbaum, die sich große Sorgen um die Demokratie macht, ist hervorzuheben: „Spielen lehrt Menschen, die Fähigkeit mit anderen zu leben, es verbindet Erfahrungen von Verletzbarkeit und Überraschung mit Neugier und Staunen und nicht mit lähmender Angst.“ (Nussbaum 2012, S. 120)
- Dass die Angst vor dem Spielen durch die Lebensform „Spiel als Ursprung der Kultur“ gewandelt werden kann, das lag dem Historiker und Kulturanthropologen Johann Huizinga (1872 – 1945) am Herzen. Ich vermute, Korcak hat diesen Ursprung mit seinen Kindern im Ghetto gelebt. Erlebte er sich im umgreifenden Grund gehalten und geborgen, der mit ihm ein Spiel spielt? Korczaks innere Haltung bleibt für uns im Ungewissen. Uns mutet er die Antwort zu. Eine zeitgemäße Besinnung auf diesen Ursprung, den ich als Kernbegriff der Pädagogik verstehe, ist abschließend geboten.

3.10 Plädoyer für eine berufsethische Haltung

In wissenschaftlichen Abhandlungen der Gegenwart wird die Haltung des Pädagogen kaum (mehr) thematisiert. Ist dieser Begriff nebulös oder essenziell? Er scheint zu einer leeren Floskel zu degenerieren, obwohl sogar die empirische Forschung den Faktor des Pädagogen als effektstärksten erkennt? Auf diesen Befund gehe ich kurz ein, sehe die Bedeutung der Haltung für den Erziehungserfolg, frage aus (heil-)pädagogischer Perspektive nach dem Selbstverständnis der Erziehungswissenschaft und plädiere für eine berufsethische Haltung in Praxis und Wissenschaft.

Der empirische Befund

Der neuseeländische Bildungsforscher John Hattie hat in weltweit beachteten Studien (über 800 Metaanalysen und 50.000 Einzelstudien) erkannt, dass der entscheidende Wirkfaktor einer leistungsbezogenen Förderung der individualisiert handelnde Lehrer ist – und nicht das gezielte direkte Fördern der kognitiven Fähigkeiten. (Hattie 2016) Die Studie weist darauf hin, dass Fachkompetenz, didaktische Kompetenz und pädagogische Kompetenz für ein erfolgreiches Lernen nicht ausreichen. Es kommt nicht darauf an, was der Lehrer macht, sondern vor allem darauf, ***wie*** und ***warum*** er das macht. Demnach sind nicht allein kompetentes Wissen und kompetentes Können für den Lernerfolg ausschlaggebend. Zum fachlichen Wissen und Können müsse die selbstkritische Haltung der Lehrperson, ihr Wollen und Werten hinzukommen, wobei das Wollen von den Werten bestimmt wird. Durch diese wertorientierte methodische Haltung, die neben der Sach- und Fachkompetenz die Haltungskompetenz einschließt, werden beim Lernenden höhere kognitive Leistungen und höhere fachspezifische Kompetenzen erzielt.

Die selbstkritische Haltung des Erziehers ermöglicht erfolgreiches individuelles Lernen

Hattie erkennt auf empirischem Weg das, was die traditionsbewusste Heilpädagogik pflegt: Erfolgreich wirkende Pädagogen müssen fähig sein, eine selbstzentrierte kritische Perspektive und die Perspektive des individuell Lernenden einzunehmen.

Wird diese selbstkritische und auf den Lernenden bezogene Haltung praktiziert, dann kann man (voraus-)sagen, dass „schlussendlich es die Haltungen sind, die darüber entscheiden, ob man ein Leben lang den herausfordernden Lehrerberuf ausübt." (Hattie 2016, S. 26)

Der Befund der empirischen Bildungswissenschaft lässt auch erkennen, dass in der allgemeinen Schulpädagogik jene pädagogische Haltung zum Tragen kommt, die in der Heilpädagogik von Beginn an gepflegt wurde und für die inklusive Erziehung bedeutsam ist.

Die Studie bestätigt auch jene Pädagogik, für die das lernende Kind eine unbekannte Größe ist und die dem Erzieher viele Rätsel aufgibt. Der Erzieher hat mit Empathie die individualisierte Methode zu pflegen. Wendet er hingegen bei zwei Kindern seine fachliche, didaktische und wertbezogene Kompetenz ohne selbst- und kindzentrierte Perspektive an, dann realisiert er im Grunde die funktionalistische Methode und hat mindestens einem Kind Unrecht getan: Er hat versäumt, ohne selbstkritischen Bezug nach der Perspektive des individuellen Kindes zu fragen.

Kernfrage der Erziehungswissenschaft

Hier stellt sich die Kernfrage nach dem Selbstverständnis der modernen Erziehungswissenschaft, die ihre ureigenen Fragen an Kognitionswissenschaften, Lernförderprogramme und andere bio-psycho-soziale Techniken abgetreten und damit ihren Anspruch auf ein autonomes und subjektorientiertes Lernen, auf Technologie, Technik und ökonomische Kategorien reduziert hat. Damit verliert die „Pädagogik zugleich ihren entscheidenden Sinn" (Hopfner/Winkler 2004, S. 11), nämlich dem individuellen Subjekt sein Mündigwerden zu ermöglichen. Hat die Erziehungswissenschaft nicht mehr den Mut, sich mit „einheimischen Begriffen" (Herbart) des eigenen pädagogischen Verstandes zu bedienen und als autonome Wissenschaft sich an bildungswirksamen Erfahrungserkenntnissen zu orientieren, die für das 21. Jahrhundert besonders die Korczak-Pädagogik pflegt?

Annäherung an den Inhalt der pädagogischen Haltung

Das Wort Haltung weist auf die innere Grundhaltung hin, die das Denken und Handeln prägt. Eine Erzieherin, die aus dieser Haltung wirkt, kann nicht mehr beliebig und orientierungslos denken und handeln. Sie hat einen wertbezogenen Standpunkt, wird auch den Standpunkt anderer (z.B. der Eltern oder Therapeuten) gelten lassen und aus der Auseinandersetzung mit ihnen den eigenen weiterentwickeln. Und sie kann durch Reflexion der eigenen Unsicherheiten einen fruchtbaren Selbstbildungsprozess anregen. Auf diese Weise bilden sich Maßstäbe für ein reflexives pädagogisches Handeln aus.

Heilpädagogik als inklusive Pädagogik ist in ihren Handlungsfeldern auf wertende Entscheidungen angewiesen, die Haeberlin in fünf berufsethischen Prinzipien formuliert (vgl. Haeberlin 1996, S. 341 ff.):

- Offenheit gegenüber den konkreten Bedürfnissen und Nöten des hilfsbedürftigen Menschen.
- Jeder Mensch ist Teil der menschlichen Gemeinschaft, sein Lebensrecht darf nicht infrage gestellt werden.
- Jeder Mensch hat ein Recht auf Bildung und Teilhabe an der Kultur, unabhängig von individuellen Erschwernissen.
- Durch spezialisiertes pädagogisches Handeln optimale Selbstständigkeit und Lebensqualität ermöglichen.
- Individuelle Reflexion der Grundfragen des beruflichen Handelns im Hinblick auf das Gute und Rechte.

Im Zentrum dieser Berufsethik steht die Haltung, die sich zum Maßstab für ein gutes pädagogisches Handeln herausbildet. Die Reflexion der Haltung kann niemandem aufgenötigt werden. Jeder hat sie selbst zu leisten und mit Emil E. Kobi zu erkennen, dass Erziehung nicht primär eine Tätigkeit bezeichnet, sondern „eine Haltung ist" (Kobi 2004, S. 73), die nach dem Philosophen Emmanuel Lévinas gegenüber dem anderen um seinetwillen von einer Sorge getragen ist. Diese Sorge ist etwas ganz Ursprüngliches, weil sie noch vor einem Miteinander existiert.

Fazit

Aus moderner kulturphilosophischer und religiöser Perspektive gibt es eine Vielzahl ethischer Denkansätze und Konzeptionen, die für die politischen und rechtlichen Herausforderungen diskutiert und angesichts des biomedizinischen Fortschritts für eine verantwortliche ethische Urteilsbildung formuliert werden. Sie weisen auf Grundhaltungen für eine Lebensethik der „Ehrfurcht vor dem Leben" (Schweitzer) hin und zeigen auf, ***wie*** die Erzieherin im Zeitalter der Postmoderne durch ihr berufsethisches Wirken mit Janusz Korczak antworten kann (Klein 2017): durch eine „empathisch anregende Haltung", die auch der Kulturphilosoph Wolfgang Welsch für die „postmoderne Moderne" hervorhebt. (Welsch 2008, S. 79)

Literaturhinweise

Alt, Franz (2015) (HG.): Der Appell des Dalai Lama. Ethik ist wichtiger als Religion. Salzburg, Benevento Verlag

Anti-Bias-Netz (2016) (HG.): Vorurteilsbewusste Veränderungen mit dem Anti-Bias-Ansatz. Freiburg, Lambertus

Baumgarten-Tramer, Luise (1965): Janusz Korczak – der polnische Pestalozzi. Düsseldorf, Patmos

Beauftragter der Bundesregierung für die Belange behinderter Menschen (HG.) (2014): Die UN Behindertenrechtskonvention. Übereinkommen über die Rechte von Menschen mit Behinderung. Verfügbar unter:
https://www.behindertenbeauftragte.de/SharedDocs/Publikationen/UN_Konvention_deutsch.pdf?__blob=publicationFile&v=2 [26.02.2018]
siehe auch: https://de.wikipedia.org/wiki/%C3%9Cbereinkommen_%C3%BCber_die_Rechte_von_Menschen_mit_Behinderungen [26.02.2018]

Becker, Hellmut (1980): Auf dem Weg zur lernenden Gesellschaft. Stuttgart, Klett

Beiner, Friedhelm (2013): Zur Rezeption der Pädagogik der Achtung. Eine Bestandsaufnahme der deutschsprachigen Rezeption anlässlich des Korczak-Jahres 2012. In: Godeler-Gaßner, R./Krehl, S. (HG.): Facettenreich im Fokus. Janusz Korczak und seine Pädagogik – historische und aktuelle Perspektiven. Jena, Garamond Verlag,S. 25–32

Berger, Manfred (1992): Zum 50. Todestag von Janusz Korczak. In: Unsere Jugend 44. Jg., Heft 1, 3–7

Börsenverein des Deutschen Buchhandels (1972) (HG.): Janusz Korczak. Frankfurt, Buchhändler-Vereinigung

Bowlby, John (2014): Bindung als sichere Basis. Grundlagen und Anwendung der Bindungstheorie. 3. Auflage. München und Basel, Reinhardt

Buber, Martin (1982): Das Problem des Menschen. Heidelberg, Lambert Schneider

Buber, Martin (1983): Ich und Du. Heidelberg, Lambert Schneider

Buber, Martin (1984) Das dialogische Prinzip. Heidelberg, Lambert Schneider

Buchka, Maximilian/Grimm, Rüdiger/Klein, Ferdinand (2002) (HG.): Lebensbilder bedeutender Heilpädagoginnen und Heilpädagogen des 20. Jahrhunderts. 2. Auflage. München, Reinhardt

Dörner, Klaus (1988): Tödliches Mitleid. Zur Sozialen Frage der Unverträglichkeit des Lebens. Mit einem Beitrag von Fredi Saal. Gütersloh, Verlag Jakob von Hoddis

Eco, Umberto (2000): Der immerwährende Faschismus. In: Umberto, Eco: Vier moralische Schriften. München, Deutscher Taschenbuch Verlag, S. 37–69

Feuser, Georg (2017): Ritalin ist ein Verbrechen! In: Die Weltwoche vom 30.7.2010, abgerufen unter: http://www.weltwoche.ch/ausgaben/2009-26/artikel/artikel-2009-26-ritalin-ist-ein-verbrechen.html [27.02.2018]

Frankl, Viktor Emil (1977): ... trotzdem Ja zum Leben sagen. Ein Psychologe erlebt das Konzentrationslager. München, Deutscher Taschenbuch Verlag

Frankl, Viktor Emil (1987): Ärztliche Seelsorge. Grundlagen der Logotherapie und Existenzanalyse. Frankfurt, Fischer Taschenbuch Verlag

Frankl, Viktor Emil (1988): Der unbewusste Gott. Psychotherapie und Religion. München, Kösel

Frankl, Viktor Emil (2002): Was nicht in meinen Büchern steht. Lebenserinnerungen. Weinheim, Beltz

Fröhlich-Gildoff, Klaus/Ronnau-Böse, Maike (2015): Resilienz. 4. Auflage. München und Basel, Reinhardt

Fromm, Erich (1979): Sigmund Freuds Psychoanalyse – Größe und Grenzen. Stuttgart, Deutsche Verlags-Anstalt

Fromm, Erich (2000): Authentisch leben. 7. Auflage. Freiburg, Herder

Fuchs, Thomas (2010): Das Gehirn – ein Beziehungsorgan. Eine phänomenologisch-ökologische Konzeption. 3. Auflage. Stuttgart, Kohlhammer

Glöckler, Michaela (2002) (HG.): Spirituelle Ethik. Situationsgerechtes, selbstverantwortetes Handeln. Dornach, Verlag am Goetheanum

Gruen, Arno (2003): Wie man ein Kind lieben soll. In: Publik-Forum, Journal Nr. 6

Haeberlin, Urs (1996): Heilpädagogik als wertgeleitete Wissenschaft. Bern, Haupt

Hanselmann, Heinrich (1955). Heilpädagogik – Wesen, Möglichkeiten und Grenzen. In: Asperger, H. (HG.), Bericht des 3. Internationalen Kongresses für Heilpädagogik vom 8.–12. 06. 1954. Wien: Springer, S. 26–36

Hattie, John (2016): Lernen sichtbar machen für Lehrpersonen. Baltmannsweiler, Schneider Verlag

Haupt, Ursula (1998): Kinder mit zerebralen Bewegungsstörungen im Spannungsfeld von eigenen Entwicklungsimpulsen und fremdbestimmter Anleitung. In: Dörr, G. (HG.): Neue Perspektiven der Sonderpädagogik. Düsseldorf, Verlag selbstbestimmtes Leben, S. 95–116

Haupt, Ursula (2006): Wie Lernen beginnt. Grundfragen der Entwicklung und Förderung schwer behinderter Kinder. Stuttgart, Kohlhammer

Hentig, Hartmut von (1972): Janusz Korczak oder Erziehung in einer friedlosen Welt. In: Börsenverein des Deutschen Buchhandels (HG.): Janusz Korczak. Frankfurt, Buchhändler-Vereinigung, S. 19–76

Hinz, Andreas/Boban, Ines/Gille Nicola (2013): Entwicklung der Ganztagsschule auf der Basis des Index für Inklusion: Bericht zur Umsetzung des Investitionsprogramms Zukunft Bildung und Betreuung im Land Sachsen-Anhalt. Bad Heilbrunn, Klinkhardt

Hüther, Gerald (2014): Die Macht der inneren Bilder. Wie Visionen das Gehirn, den Menschen und die Welt verändern. 4. Auflage. Göttingen, Vandenhoeck & Ruprecht

Hopfner, Johanna/Winkler, Michael (2004) (HG.): Die aufgegebene Aufklärung. Experimente pädagogischer Vernunft. Weinheim und München, Juventa

Juul, Jesper (2016): Leitwölfe sein. Liebevolle Führung in der Familie. Weinheim, Beltz

Kandel, Eric (2006a): Auf der Suche nach dem Gedächtnis. Die Entstehung einer neuen Wissenschaft des Geistes. München, Siedler

Kandel, Eric (2006b): Psychiatrie, Psychoanalyse und die neue Biologie des Geistes. Frankfurt/M., Suhrkamp

Keller, Helen (1904): Die Geschichte meines Lebens. Stuttgart, Robert Lutz

Keller, Helen (1991): Licht in mein Dunkel. Zürich, Swedenborg

Keller, Helen (o.J.): Briefe meiner Werdezeit. Stuttgart, Robert Lutz

Kittay, Eva Feder (2009): Auf der Suche nach einer bescheideneren Philosophie: Die Begegnung mit geistiger Beeinträchtigung – die Suche nach dem Wichtigen im Leben. In: Dederich, M./Grüber, K. (HG.): Herausforderungen – mit schweren Behinderungen leben. Frankfurt/M., Mabuse-Verlag, S. 153–160

Klein, Ferdinand (1970): „Wagt es, euer Kind so anzunehmen, wie es ist". In: Unsere Jugend, 20. Jg., Heft 4, S. 379–381

Klein, Ferdinand (1979): Die häusliche Früherziehung des entwicklungsbehinderten Kindes. Bad Heilbrunn, Klinkhardt

Klein, Ferdinand (1997): Janusz Korczak. Sein Leben für Kinder – sein Beitrag für die Heilpädagogik. 2. Auflage. Bad Heilbrunn, Klinkhardt

Klein, Ferdinand (1999): Bewegung und Rhythmus – Bewegungserziehung und rhythmische Erziehung. In: Seelenpflege in Heilpädagogik und Sozialtherapie 18, Jg., Heft 1, 22–30

Klein, Ferdinand (2001) (HG.): Begegnung und Vertrauen. Zwei Grunddimensionen des Erziehungsraumes. Luzern, Edition SZH

Klein, Ferdinand (2002): Anne Sullivan. In: Buchka, M./Grimm, R./Klein, F. (HG.): Lebensbilder bedeutender Heilpädagoginnen und Heilpädagogen des 20. Jahrhunderts. 2. Auflage. München, Reinhardt, S. 339–353

Klein, Ferdinand (2004): Zur gemeinsamen Erziehung behinderter und nichtbehinderter Kinder im Entwicklungsraum Kindergarten unter Beachtung der Pädagogik von Janusz Korczak. In: Egli, H. (HG.): Entwicklungsräume. Zukunftsaspekte für das Leben mit Kindern mit Behinderungen. Luzern, SZH, S. 21–47

Klein, Ferdinand (2012): Inklusion von Anfang an. Bewegung, Spiel und Rhythmik in der inklusiven Kita-Praxis. Köln, Bildungsverlag EINS (Vertrieb: Schaffhausen, SCHUBI Lernmedien AG)

Klein, Ferdinand (2013): Auf dem Weg zu einer nationale Grenzen überschreitende europäische Heil- und Sonderpädagogik. In: Vierteljahresschrift für Heilpädagogik und ihre Nachbargebiete, 82. Jg., Heft 3, S. 242–245

Klein, Ferdinand (2015): Inklusive Erziehungs- und Bildungsarbeit in der Kita. Heilpädagogische Grundlagen und Praxishilfen. 2. vollständig überarbeitete und ergänzte Auflage. Köln, Bildungsverlag EINS

Klein, Ferdinand (2017): Janusz Korczak. Menschliches Vorbild und pädagogischer Impulsgeber. In: behindertemenschen 40. Jg., Heft 1, S. 71–75

Klein, Ferdinand/Schmidt-Thimme, Dorothea (1992): Logotherapie und Menschen mit (sogenannter) geistiger Behinderung. In: Görres, S. /Hansen, G. (HG.): Psychotherapie bei Menschen mit geistiger Behinderung. Eine Einführung für Heil- und Sonderpädagogen, Eltern und Erzieher. 2. Auflage. Bad Heilbrunn, Klinkhardt, S. 81–104

Klein, Ferdinand/Meinertz, Friedrich/Kausen, Rudolf (1999): Heilpädagogik. Ein pädagogisches Lehr- und Studienbuch. 10. Auflage. Bad Heilbrunn, Klinkhardt

Klein, Ferdinand/Neuhäuser, Gerhard (2006): Heilpädagogik als therapeutische Erziehung. München und Basel, Reinhardt

Kobi, Emil E. (2004): Grundfragen der Heilpädagogik. Eine Einführung in heilpädagogisches Denken. 6. Auflage. Berlin, BHP-Verlag

Köpcke-Duttler, Arnold (2002): Clara Grundwald. In: Buchka, M./Grimm/Klein, F (HG.): Lebensbilder bedeutender Heilpädagoginnen und Heilpädagogen des 20. Jahrhunderts. 2. Auflage. München, Reinhardt, S. 83–96

Korczak-Bulletin (2015): 24. Jg., Ausgabe September, S. 2

Korczak, Janusz (1973): Wenn ich wieder klein bin. Göttingen, Vandenhoeck & Ruprecht

Korczak, Janusz (1979): Das Recht des Kindes auf Achtung. Göttingen, Vandenhoeck & Ruprecht

Korczak, Janusz (1978): Wie man ein Kind lieben soll. Göttingen, Vandenhoeck & Ruprecht

Korczak, Janusz (1979): Von Kindern und anderen Vorbildern. Gütersloh, Gerd Mohn

Korczak, Janusz (1992): Tagebuch aus dem Warschauer Ghetto 1942. Göttingen, Vandenhoeck & Ruprecht

Korczak, Janusz (1990): Wenn ich wieder klein bin. Göttingen, Vandenhoeck & Ruprecht

Krampen, Günter (2016): Vom Passiv zum Aktiv? Ich-Tabu oder Selbstdarstellung in wissenschaftlichen Texten. In: Forschung & Lehre, 23.Jg., Heft 3, S. 224–235

Krenz, Armin (2008): Der „Situationsorientierte Ansatz" in der Kita. Köln, Bildungsverlag EINS

Krenz, Armin (2009): „Das Spiel ist der Beruf des Kindes!" – Die hohe Bedeutung des Spiels als Bildungsmittelpunkt für Kinder und als Basiswert einer späteren „Schulfähigkeit". In: Armin, Krenz (HG.): Handbuch für ErzieherInnen. München, OLZOG Verlag, Ausgabe 54

Krenz, Armin (2015): Empathie. In: Rißmann, M. (HG.): Lexikon Kindheitspädagogik. Köln/Kronach, Wolters Kluwer/Carl Link, S. 100–103

Krenz, Armin/Klein, Ferdinand (2012): Bildung durch Bindung. Frühpädagogik: inklusiv und beziehungsorientiert. 2. Auflage. Götttingen, Vandenhoeck & Ruprecht

Langhanky, Michael (1993): Die Pädagogik von Janusz Korczak. Dreisprung einer forschenden, diskursiven und kontemplativen Pädagogik. Neuwied/Kriftel/Berlin, Luchterhand

Lewin, Aleksander (1998): So war es wirklich. Die letzten Lebensjahre und das Vermächtnis Janusz Korczaks. Gütersloh, Gerd Mohn

Liegle, Ludwig (2013): Frühpädagogik. Erziehung und Bildung. Ein dialogischer Ansatz. Stuttgart, Kohlhammer

Loch, Werner (1979): Lebenslauf und Erziehung. Neue pädagogische Bemühungen. Essen, Verlag Neue Deutsche Schule

Metz, Johann Baptist (2003): Mit der Autorität der Leidenden. Süddeutsche Zeitung vom 24. Dezember 2003, S. 57

Meyer, Hans (1962): Pascals Penseés als dialogische Verkündigung. Göttingen, Vandenhoeck & Ruprecht.

Meyer-Drawe, Käte (1999): Der lachende und der weinende Leib. Verständigung diesseits der Vernunft. In: Behinderte in Familie, Schule und Gesellschaft, 22. Jg., Heft 3, S. 32–36

Moor, Paul (1936): Die Verantwortung im heilpädagogischen Helfen. Zürich, Verlag Gebrüder Leemann & Co.

Moor, Paul (1999): Heilpädagogik. Ein pädagogisches Lehrbuch. Studienausgabe. 2. Auflage. Luzern, SZH

Neuhäuser, Gerhard (2010): Psychiatrie. Eine Einführung für Heilpädagogen und andere Berufe im Sozial- und Gesundheitswesen. Stuttgart, Kohlhammer

Nürge, Kathrin (2017): Starke Erzieher – starke Kinder. Eigene Ressourcen entdecken und einsetzen. München, Burckhardthaus, Oberstebrink

Nussbaum, Martha C. (2012): Nicht für den Profit. Warum Demokratie Bildung braucht. Überlingen, TibiaPress Verlag

Piaget, Jean (1975): Nachahmung, Spiel und Traum. Die Entwicklung der Symbolfunktion beim Kind. Stuttgart, Klett

Reppowa, Irena (2002): Sein Glanz fiel auch auf dies besondere Haus. In: Korczak-Bulletin, 11. Jg., Ausgabe September, S. 8–9

Rizzolatti, Giacomo/Sinigaglia, Corrado (2012): Empathie und Spiegelneurone. Die biologische Basis des Mitgefühls. 4. Auflage. Frankfurt, Suhrkamp

Saal, Fredi (1992): Warum sollte ich jemand anders sein wollen? Gütersloh, Verlag Jakob von Hoddis

Sachs, Shimon (1989): Stefa. München, Piper

Saint-Exupéry, Antoine de (2001): Der Kleine Prinz. 57. Auflage. Düsseldorf, Karl Rauch

Sarimski, Klaus (2016): Soziale Teilhabe von Kindern mit komplexer Behinderung in der Kita. München, Reinhardt

Sautter, Hartmut (2000): Pädagogisch-psychologische Diagnostik und Intuition. In: Buchka, M. (HG.): Intuition als individuelle Erkenntnis- und Handlungsfähigkeit in der Pädagogik. Luzern, Edition SZH, S. 83–95

Sautter, Hartmut/Stinkes, Ursula/Trost, Rainer (2004) (HG.): Beiträge zu einer Pädagogik der Achtung. Heidelberg, Universitätsverlag Winter

Schäfer, Gerd E. (2005) (HG.): Bildung beginnt mit der Geburt. Weinheim, Beltz

Schlack, Hans-Georg (2005): „Das Kind als Akteur seiner Entwicklung" – Welche Art von Therapien passt zu diesem Konzept? In: Büchner, Chr. (HG.): Lebensspuren. Über den Zusammenklang von Erziehung und Therapie. Luzern, Edition SZH, 39–49

Schweitzer, Albert (2001): Predigten 1898–1948. München, C. H. Beck

Simmel, Georg (1922): Philosophie des Geldes. München & Leipzig, Duncker & Humblot

Singer, Tania/Ricard, Matthieu (2015): Mitgefühl in der Wirtschaft: Ein bahnbrechender Forschungsbericht. München, Albrecht Knaus Verlag

Sloterdijk, Peter (1983): Kritik der zynischen Vernunft. Band 1. Frankfurt/M., Suhrkamp

Speck, Otto (1997): Chaos und Autonomie in der Erziehung. Erziehungsschwierigkeiten unter moralischem Aspekt. 2. Auflage. München, Reinhardt

Speck, Otto (2014): Spirituelles Bewusstsein. Nahtod-Erfahrungen – wissenschaftliche und kulturelle Aspekte. BoD-Books on Demand, Norderstedt (3. überarbeitete und ergänzte Auflage 2016)

Spitzer, Manfred (2014): Digitale Demenz. Wie wir uns und unsere Kinder um den Verstand bringen. 4. Auflage. München, Droemer

Spitz-Güdden, Christel (2016): Mit den Augen des Kindes sehen ist mehr als empathisches Einfühlen! In: Spitz-Güdden, Chr. (HG.): Praxishandbuch Kinder unter 3. 20. Ausgabe, München, OLZOG Verlag

Spitz-Güdden, Christel (2017): Grundlagen kindorientierter Elementarpädagogik – Elementarpädagogik kindorientiert gestalten. In: Spitz-Güdden, Chr. (HG.):Praxishandbuch Elementarpädagogik. 3. Ausgabe. Kulmbach, Mediengruppe Oberfranken

Stern, William (1905): Helen Keller. Die Entwicklung und Erziehung einer Taubblinden als psychologisches, pädagogisches und sprachtheoretisches Problem. Berlin, Reuther und Reichart

Vygotskij, Lev (1934/2002): Denken und Sprechen. Herausgegeben und aus dem Russischen übersetzt von Joachim Lompscher und Georg Rückriem. Weinheim und Basel, Beltz

Waite, Helen E. (1990): Helen Keller – Anne Sullivan. Öffne mir das Tor zur Welt. München, Deutscher Taschenbuchverlag

Weiß, Hans (2009): Kinder in Armut – eine weitere Herausforderung inklusiver Bildung und Erziehung. Vortrag bei der Tagung „Gleich – Verschieden – Inklusiv" am 18.09. 2009 an der Universität Siegen (Manuskript)

Weizsäcker, Carl Friedrich von (1983): Wahrnehmung der Neuzeit. München/Wien, Hanser

Welsch, Wolfgang (2008): Unsere postmoderne Moderne. 7. Auflage. Berlin, Akademie Verlag

Winkelmann, Anna Sophie (2016): Der Anti-Bias-Ansatz – eine Reflexionsperspektive für die eigene Praxis. In: Berufs- und Fachverband Heilpädagogik e. V. (HG.): Heilpädagogik. Sinn – Struktur – Perspektiven. Berlin, BHP, 83–98

Winnicott, Donald, W. (1974): Reifungsprozesse und fördernde Umwelt. Frankfurt, Fischer Taschenbuch

Winnicott, Donald, W. (1976): Von der Kinderheilkunde zur Psychoanalyse. Frankfurt, Fischer Taschenbuch

Winnicott, Donald, W. (1984): Familie und individuelle Entwicklung. Frankfurt, Fischer Taschenbuch

Zimpel, André Frank (2013): Lasst unsere Kinder spielen! Der Schlüssel zum Erfolg. 3. Auflage. Göttingen, Vandenhoeck & Ruprecht

Zimpel, André Frank (2014): Einander helfen. Der Weg zur inklusiven Lernkultur. Göttingen, Vanderhoeck & Ruprecht

Zimpel, André Frank (2015): Es ist normal, verschieden zu sein – Soziale Intelligenz im Kindergarten, in: kinderleicht !?. Heft 4, 4–6

Zulliger, Hans (2007): Heilende Kräfte im kindlichen Spiel. 8. Auflage. Eschborn, Verlag Dietmar Klotz

Zum Autor

Ferdinand Klein, geb. 1934 in Schwedler (jetzt Švedlár), Slowakei, Volksschullehrer, Heil- und Sonderpädagoge, heilpädagogische Praxis (1963 –1980), Mitbegründer der Erlanger Lebenshilfe für Menschen mit geistiger Behinderung, Rektor der Erlanger Lebenshilfe-Schule und Ausbildungsleiter für heilpädagogische Fachkräfte im Regierungsbezirk Mittelfranken. Er wirkte als Erziehungswissenschaftler im Fachgebiet Heilpädagogik an den Universitäten Würzburg, Mainz, Halle-Wittenberg (Aufbaudirektor des Instituts für Rehabilitationspädagogik der Martin-Luther-Universität Halle-Wittenberg) und an der Pädagogischen Hochschule Ludwigsburg, Fakultät für Sonderpädagogik Reutlingen.

Nach Emeritierung (1997) Gastprofessor an der Masaryk-Universität Brno, Comenius-Universität Bratislava und von 2005 bis 2014 an der im Jahre 1900 gegründeten weltweit ältesten Hochschule für Heilpädagogik: der Gusztáv-Bárczi-Fakultät für Heil- und Sonderpädagogik der Eötvös Loránd Universität Budapest. Die Budapester Universität verlieh ihm 2010 für sein wissenschaftliches Werk und sein Bemühen um den Ost-West-Dialog die Ehrendoktor- und Ehrenprofessorenwürde. Die gleiche Ehrung erfuhr der portugiesische Schriftsteller und Literaturnobelpreisträger José Saramago.

Arbeitsschwerpunkte: Pädagogik für Menschen mit schweren Behinderungen, ethische Fragen, Korczak-Pädagogik, Forschungsmethoden, Inklusionspädagogik, Internationale Heil- und Sonderpädagogik und Erinnerungen an die verlorene Heimat, die er in 12 Büchern (davon fünf zusammen mit anderen) und in über 600 Beiträgen in Fachzeitschriften, Sammelwerken und auch in heimatbezogenen Zeitschriften für die Praxis darstellt.

Durch Reflexion der aktuellen (heil-)pädagogischen, medizinisch-therapeutischen, neurobiologischen Fachliteratur und Erinnerungswerke an die Heimat bildet er seinen integralen Standpunkt weiter. Auf Wikipedia ist sein beruflicher Lebensweg dokumentiert.

Aus der Praxis – für die Praxis

STARKE ERZIEHER STARKE KINDER

EIGENE RESSOURCEN ENTDECKEN UND EINSETZEN

Kathrin Nürge
Broschur, 272 S.
4-fbg. illustriert
20 € [D], 20,60 € [A]
ISBN 978-3-944548-24-1

Wie kann ich meine eigenen Ressourcen entdecken und entwicklen? Wie kann ich sie in meinem Arbeitsalltag als Erzieherin oder Erzieher einsetzen und worauf sollte ich dabei achten?
Diese Fragen und die Antworten darauf stehen im Mittelpunkt dieses Buches. Denn in unserem pädagogischen Arbeitsfeld geht es um das „Menschsein“, darum, wohltuend, wirksam und und entwicklungsförderlich für sich selbst, für andere Menschen, für unseren Lebensraum zu sein – jeder Mensch mit seinen eigenen Ressourcen und Fähigkeiten.

SCHÖN, DASS IHR DA SEID – DAS ERZIEHERINNENBUCH

NEUE IDEEN FÜR BILDUNGSAKTIVITÄTEN MIT KINDERN AUS FLÜCHTLINGSUNTERKÜNFTEN

Kathrin Nürge
Broschur, 272 S.
4-fbg. illustriert
20 € [D], 20,60 € [A]
ISBN 978-3-944548-24-1

Für alle, die beruflich oder als freiwillige Helfer an der Integration von Flüchtlingskindern mitwirken, ist dieses Buch gedacht. Die erfahrene Praktikerin Regina Grabbet weiß, wo die Probleme in der Flüchtlingsarbeit stecken und wie wir geziel damit umgehen können. Nur wenn es uns gelingt Unsicherheiten und Ängste vor dem Unbekannten abzubauen und Raum für neue gemeinsame Erfahrungen zu schaffen, erreichen wir echte, für alle bereichernde, Integration.

HEUTE FREMDE – MORGEN FREUNDE

INTEGRATION IN DER KINDERGRUPPE PRAKTISCH FÖRDERN

Maya Hasenbeck
Broschur, 112 S.
4-fbg. Abb. und Illustr.
12,95 € [D], 13,30 € [A]
ISBN 978-3-944548-29-6

Integration beginnt mit der Sprache. Nur wenn wir einander von unseren Erfahrungen erzählen, geben wir den anderen die Möglichkeit, uns zu verstehen, zu akzeptieren und zu mögen. Erzählen, Zuhören und Fragen stellen sind unsere wichtigsten Werkzeuge zur Integration. Aber auch Gerüche, Geschmäcker, Bilder, Berührungen, gemeinsame Spiele und Projekte bringen Kinder und Jugendliche aus unterschiedlichen Kulturkreisen näher zusammen. Wie das ganz konkret aussehen kann, erklärt Maya Hasenbeck anhand zahlreicher Projektbeispiele.

BurckhardtHaus

DER SITUATIONSORIENTIERTE ANSATZ – AUF EINEN BLICK

Konkrete Praxishinweise zur Umsetzung

Armin Krenz
Broschur, 96 S.
4-fbg. Abb. und Illustr.
15,- € [D], 15,50 € [A]
ISBN 978-3-944548-04-3

Im Mittelpunkt des Situationsorientierten Ansatzes stehen die Lebensthemen und bedeutsamen Situationen der Kinder. Sie sind Ausgangspunkt für die Projektfindung und -durchführung. Der handliche Einstieg ins Thema bietet sehr praktische Hinweise, wie Sie anhand von Spielformen, Erzählthemen, Kinderbildern oder Bewegungen die wichtigen Themen erkennen, situationsorientiert ausarbeiten und gewinnbringend auswerten. Dazu erhalten Sie einen Einblick in die Entstehungsgeschichte des Ansatzes.

MOTIVATION UND ERFOLG

Strategien und Selfcoaching für Erzieherinnen

Ulrich Pommerenke
Klappenbroschur, 192 S.
4-fbg. Abb. und Illustr.
19,90 € [D], 20,50 € [A]
ISBN 978-3-944548-03-6

Spätestens seit den PISA-Studien ist klar: Die „Qualität" in den Kindergärten und Schulen muss sich einschneidend ändern, um den Erfordernissen unserer Welt gerecht zu werden. Dabei geht es nicht um eine Revision der Didaktik und Methodik, denn entwickelndes und handlungsorientiertes Lernen ist ja spätestens seit der Reformpädagogik bekannt. Der Schlüssel für die Bewältigung der Probleme ist die praxisbezogene und kontinuierliche Entwicklung einer selbstbewussten und souveränen Persönlichkeit!

GRUNDLAGEN DER ELEMENTARPÄDAGOGIK

Unverzichtbare Eckwerte für eine professionelle Frühpädagogik

Armin Krenz
Klappenbroschur, 192 S.
4-fbg. Abb. und Illustr.
22 € [D], 22,70 € [A]
ISBN 978-3-944548-03-6

Grundlegende Fragestellungen und Praxisprobleme treten nicht erst bei der direkten Arbeit mit den Kindern auf, sondern zeigen sich schon beim Prozess der Selbstreflektion. Was bedeutet es Erzieher/-in zu sein – in Bezug auf die Kinder, die Eltern und den Träger? Was sind die täglichen Aufgaben? Welche Werte und welches Bild der pädagogischen Arbeit und der Einrichtung sollen nach außen getragen werden? Armin Krenz gibt fachlich fundierte und doch leicht verständliche Antworten, die vor allem stets äußerst praxisnah ausfallen.

Mehr unter www.burckhardthaus-laetare.de